Impressum:

Bibliografische Information der Deutschen Nationalbibliothek: Die Deutsche Nationalbibliothek verzeichnet diese Publikation in der Deutschen Nationalbibliografie; detaillierte bibliografische Daten sind im Internet über dnb.dnb.de abrufbar.

Herstellung und Verlag:
BoD – Books on Demand, Norderstedt
ISBN: 9783759704573

Wie Gesellschaft denkt und fühlt

Gedanken über

> - Meinungsbildung in der Gesellschaft,

> - Bedeutung von Bildung und Wissenschaft

> - Mainstream und Zeitgeist

> - Macht und Medien,

> - Herrschaft, Propaganda, Manipulation

> - Krisen und Diskurs

Leben, einzeln und frei wie ein Baum

und brüderlich wie ein Wald,

ist unsere Sehnsucht.

Nazım Hikmet

Gliederung

Vorwort

Schau ich zurück auf mein Leben, erkenne ich ohne Mühe – und das wird nicht Wenigen so gehen wie mir – dass unsere Gesellschaft sich in diesen acht Jahrzehnten immer wieder drastisch geändert hat und doch dieselbe geblieben ist.

Eine Gesellschaft in der Mitte Europas, reich und nach 2 Weltkriegen mit historisch großer Verantwortung für Krieg, Tod und Verderben von zig Millionen Menschen immer und wieder auf dem Weg in eine neue, unbekannte Zukunft.

Eine Zukunft, die zwar neu, aber so weit erkennbar ist, wie uns die Geschichte lehrt. Wir, die Gesellschaft sind es, die lernen könnten, weil wir, die Gesellschaft sie machen, denken und fühlen können.

Dabei ist es dieser große Unterschied zwischen den einzelnen Menschen, den Individuen und der Gesellschaft, die in ganz unterschiedlicher Weise lernen, denken, fühlen können.

Es ist das Thema dieses Buches, zu untersuchen und anschaulich zu machen, was, wie und warum eine Gesellschaft denkt und fühlt und dieses nicht einfach als eine Summe, ein Durchschnitt, eine Statistik des Denkens und Fühlens der vielen Einzelnen, die in und mit dieser Gesellschaft leben.

Vielmehr muss ich bei meinem Rückblick erkennen, dass Gesellschaft ein eigenes, lebendiges Ganzes ist mit eigenen Möglichkeiten, speziellen Fähigkeiten, Hemmnissen und Widersprüchen und eigener, ganz anderer Wahrnehmung. Sie, die Gesellschaft, ist es, die Geschichte macht und schreiben lässt und auch aus dieser Geschichte lernen kann und lernen sollte.

Die Schwierigkeiten, die bestehen, wenn man Gesellschaft als eigenes lebendiges Wesen schildern will, bestehen in folgendem: Man trifft auf Schritt und Tritt auf Begriffe wie Wahrnehmung, Verantwortung, Lernen, Denken, Gefühle wie Angst, Tabu, Trauma, Moral, ... Begriffe wie sie für Individuen und deren Psyche geprägt wurden und angewendet werden. Auf die Gesellschaft angewendet, führen diese Begriffe leicht auf Abwege, obwohl in der Tat analoge Sachverhalte angesprochen werden. Aber Denken und Fühlen trifft im Fall der Gesellschaft angewendet auf ein mindestens ebenso hochkomplexes lebendiges Wesen, doch völlig anders geartetes als beim menschlichen Individuum.

Der Hauptunterschied besteht darin, dass es bei Gesellschaft um Leben geht, das in seiner Vielfältigkeit ganz andere Widersprüche ausleben muss und innere Dynamiken entfalten kann, als es einem einzelnen Organismus und seiner Lebenskraft in der Regel zugemutet wird.

Systemtheoretisch gesprochen ist Gesellschaft ein völlig anderes System als das System eines autonomen Lebewesens. Die Besonderheit und der Zusammenhang zwischen beiden Systemen - Individuum und Gesellschaft - bestehen darin dass sie in einem originären dialektischen Verhältnis zueinander stehen.[1]

Der auffälligste Unterschied zwischen beiden Systemen besteht darin, dass die Einheit und der Zusammenhalt eines gesellschaftlichen Systems durch ein gesondertes System von Machthierarchien mit unterschiedlichen, auch gegensätzlichen Interessen und Zielfunktionen gewahrt werden muss. Dieses System der Machthierarchien verfügt nicht über selbstregulative Stabilität wie etwa ein Regelkreis, oder eine Homöostase.

Die Funktionsfähigkeit eines gesellschaftlichen Systems beruht im Wesentlichen auf externer Kommunikation über Medien, deren Verfügbarkeit und Nutzung nicht mehr kontrollierbar ist, obwohl diese aus dem Lebensprozess, der gesellschaftlichen

---

[1] Da Definition und Bedeutung eines dialektischen Zusammenhangs häufig unbekannt oder unverstanden sind, verweise ich auf die einfache, nicht-philosophische Definition in Dietz, E., Wissenschaft und Forschung – sicher auf unsicherem Boden, ISBN 978-3-940190-74-1, S.32 ff

Reproduktion hervorgegangen sind.

Dieses komplizierte System der Gesellschaft und ihre Art und Weise zu denken, zu fühlen, zu kommunizieren, um ihre Lebensfähigkeit zu sichern, ist Thema aller 3 Teile dieses Buchs.

Im ersten Teil geht es um die institutionellen Bedingungen, die begründen, dass innerhalb einer Gesellschaft konsistent gedacht wird, dass Gefühle und Stimmungen abgestimmt werden. Es geht dort um die gesellschaftlichen Säulen der Bildung und Wissenschaft, der Kommunikation und Herrschaft.

Im zweiten Teil werden Aspekte betrachtet, die sich in der Menschheitsgeschichte entwickelt haben, die es möglich gemacht haben, dass eine immer größer werdende Anzahl von Individuen weiter als Gesellschaft und nicht nur als 'Großhorde' überhaupt zusammen kommen und beherrscht werden konnte. Diese Aspekte werden unter Hinweis auf bekannte Bücher verschiedener Anthropologen diskutiert.

Im dritten Teil geht es um weitere Aspekte des Denkens, dem als allgemeinem Ziel des Denkens die Handlungsfähigkeit zugeordnet ist. Mit der Handlungsfähigkeit einer Gesellschaft sind wir direkt bei der Politik angekommen. Dort wird aktuell gesellschaftliches Denken und Fühlen beim Umgang und dem Erleben ernsthafter Krisen beleuchtet.

Mit der Einordnung dieser 3 Teile unter das Gesamtthema vom gesellschaftlichen Denken und Fühlen lassen sich diese 3 Teile durchaus in beliebiger Reihenfolge lesen. Denn es kann sein, dass die Einen die trivialen institutionellen Zusammenhänge gerne überschlagen und sofort zu den aktuellen politischen Krisen des Teils 3 kommen wollen. Oder die Anderen in erster Linie die Schlussfolgerungen aus der Menschheitsgeschichte der zitierten Literatur zur Kenntnis nehmen möchten. In jedem und jedem weiteren Fall wird sich vielleicht eine Erkenntnis verdichten: Ohne die Kenntnis der Gesellschaft und ihres Wesens ist die Autonomie und Freiheit des Individuums, wie wir es durch die Aufklärung gelernt haben, nichts als eine Illusion.

Eckhard Dietz 2.4.2024

Teil 1: Begriffe und Institutionen

Begründung/Bedeutung des Themas

Margret Thatcher wird der Ausspruch zugeschrieben: „So etwas wie die Gesellschaft gibt es nicht. Es gibt nur einzelne Männer und Frauen und es gibt Familien." Im Gegensatz dazu vermittelt die Überschrift, dass es doch so etwas wie eine Gesellschaft gibt und dass diese etwas kann, nämlich denken und fühlen, was man vernünftiger Weise zunächst einmal nur bei Individuen feststellen kann. Dieser Gegensatz – und tatsächlich zumindest eine Begründung dafür, dass eine Gesellschaft denkt und fühlt, auch wenn das etwas Anderes sein wird, als wir es bei einzelnen Menschen kennen, ist das Thema dieses Textes.

Und wenn wir zunächst nur bei einer Behauptung sind, möchte ich weitere Behauptungen hinzufügen und damit von Voraussetzungen sprechen, von denen ich ausgehe, für die ich auch keine Beweise anführen kann, von denen ich aber hoffe und vermute, dass sie im Wesentlichen erklärt werden können, dass sie tragfähig sind, um darauf aufbauenden Ausführungen folgen zu können. Im Fall der Mathematik spricht man von Axiomen. Für Axiome verlangt man auch in der Mathematik keine Beweise. Man verlangt jedoch, dass die einzelnen Axiome eines Systems in sich widerspruchsfrei sind und dass sie vollständig sein müssen. Vollständig in dem Sinne, dass sie ausreichend sind, um das darauf aufbauende System als Ganzes und in all seinen Konsequenzen ohne Widersprüche daraus ableiten zu können. Soweit kann ich bei den folgenden Voraussetzungen nicht gehen, aber zumindest müssen sie im Sinne von Transparenz und Nachvollziehbarkeit genannt werden.

Gesellschaft – ein Begriff

Ich gehe, wenn ich über Gesellschaft rede, davon aus, dass der Begriff tatsächlich etwas benennt, was es 'in Wirklichkeit' gibt. Dass der Begriff einen abstrakten Sachverhalt beschreibt, der in konkret zu nennenden einigen oder vielen Fällen Eigenschaften hat, die es wirklich gibt, die geteilt und verstanden werden. Da es weltweit Sozialwissenschaften gibt mit den zugehörigen Institutionen und Menschen, lasse ich es damit bewenden, dass der Begriff offensichtlich brauchbar ist. In diesem Sinn schließe ich mich dem pragmatistischen Konzept von Öffentlichkeit von John Dewey an.[2]

Mit diesem einen Beispiel – dem Begriff der Gesellschaft – wurde bereits vorausgesetzt, dass hinter Begriffen Abstraktionen, Denkoperationen, also Denken steht, das zwar konkret von Menschen gedacht wird, aber im Prozess des wissenschaftlichen Denkens, der Wissenschaft, einem spezifischen gesellschaftlichen Denk- und Erkenntnisprozess entstanden ist und umfassend diskutiert, geprüft und genutzt wird. Auf Wissenschaft und wie sie gesellschaftliches Denken formt, wird im Kapitel *Wissenschaft* eingegangen.

Sprache, ihre Begriffe, Ausdrucksmöglichkeiten, Vergleiche und Anspielungen ist das Medium gesellschaftlichen Denkens. Wie notwendig sich dieses Denken und die Sprache sich bedingen wird später im Kapitel *Sprache und Schrift* behandelt.

Weil ich mich hier zunächst nur auf wissenschaftliches Denken beziehe, möchte ich an dieser Stelle anmerken, dass ich im weiteren Verlauf auch auf anderes Denken, Formen des Denkens noch eingehen werde. Insbesondere zu einem Denken, das im Zusammenhang mit bestimmten Kommunikationsmitteln und -formen steht.

An dieser Stelle ist allein wichtig, bei dem hier gebrauchten Begriff von Wissenschaft als der Gesamtheit des im allgemeinen Sinn gedachten Systems der Wissenschaft zu denken, an seine Geschichte, Institutionen, Werte und Wertschätzung und nicht an Wissenschaft, ihrer Fächer und ihrem System der Erkenntnisgewinnung, ihrer Methoden und Einzelergebnisse. Dieser Unterschied ist genau der Unterschied zwischen dem,

---

[2] Vgl. John Dewey, Die Erneuerung der Philosophie, Hamburg 1989.

---

was einzelne Wissenschaftlerinnen, Forschungsteams und Fachwissenschaften bei ihrer Arbeit als Wissenschaft betreiben und beachten und dem, was der Gesellschaft die Wissenschaft bedeutet, welche Bedeutung der Wissenschaft zugewiesen wird, wie sie Wissenschaft nutzt und welche Ressourcen sie ihr zubilligt.

Klassifikation wissenschaftlichen Denkens

Indem man diesen gesellschaftlichen Denkprozess 'Wissenschaft' historisch verfolgt, lässt sich zum einen feststellen, dass allein dieser Prozess am besten ausdrückt, was ich unter gesellschaftlichem Denken verstehe und wie die globale Weltgesellschaft diesen Prozess in der Vielfalt und Breite als ihr Denken am besten verkörpert.

Zum anderen zeigt eine gröbste Einteilung der Inhalte und Ergebnisse, mit denen sich Wissenschaft beschäftigt die Entfaltung des gesellschaftlichen Denkens.

Mit vier Bereichen im weitesten und gröbsten Sinn befasste und befasst sich gesellschaftliches Denken, das ich zunächst mit Wissenschaft gleichsetze

mit der unbelebten Natur,

mit der belebten Natur, kurz: dem Leben,

mit der Gesellschaft und dem

Denken (der Individuen und der Gesellschaft).

Man kann einwenden, dass diese Grobeinteilung willkürlich ist und unbegründet. Unbegründet deswegen, weil nachweislich zu allen Zeiten Menschen in verschiedenen Gesellschaften quer zu dieser Einteilung gedacht und gewirkt haben.

Andererseits sind die Probleme, Fragen, Methoden, Ergebnisse in diesen Bereichen grundverschieden. Probleme in und mit der unbelebten Natur spielten eine Rolle für Landvermessung, Navigation, Materialbearbeitung, Transport, quantitative

Fragen aller Art.

Für den Bereich der belebten Natur galten zu allen Zeiten Fragen zur Entstehung des Lebens, den Problemen des Landbaus und der Tierhaltung, der Frage von Krankheit und Gesundheit, der Ernährung. Während Fragen der Ethik, der Macht und Herrschaft, des Rechts und der Gerechtigkeit dem Bereich der Gesellschaft zugeordnet wurden, befasst und befasste sich Philosophie, die historische Vorläuferin aller Wissenschaften mit dem Denken. Dazu gehören alle Fragen zu Wahrheit, den Erkenntnismöglichkeiten, der Logik, aber auch eine Reihe von Grundfragen, mit denen sich Gesellschaft und Individuen auseinander gesetzt haben. Als da sind: der Anfang der Welt, des eigenen Ichs, der eigenen Gesellschaft, alle Themen der Zukunft und eines Endes.

Es sind aber nicht nur die sehr unterschiedlichen und unterschiedlich komplexen Fragen aus diesen Seinsbereichen, die diese Grobgliederung nahe legen und deren je eigene Systematik begründen. Diese Systematik ergibt sich aus der objektiven zeitlichen und qualitativen Entwicklungslogik der wirklichen Weltbewegung. Mit der Entstehung des Lebens, der tierischen und dann menschlichen Gesellschaften und der qualitativ völlig neuen Welt des menschlichen Denkens bis hin zum heute erkennbaren Stand der Wissenschaften sind Zäsuren und Sprünge **faktisch** geschehen, die diese Einteilung nicht nur nahe legen, sondern verbindlich machen. Es ist die Verbindlichkeit der Begriffe, wie wir sie bereits beim Begriff der Gesellschaft gesehen haben, die den 'Praxistest' der Gesellschaft bestanden haben. Dieser Praxistest beinhaltet durchaus auch eine Komponente von Übereinstimmung, Akzeptanz und sogar Gewohnheit, ohne die Verständigung auch jenseits von Wissenschaft undenkbar wäre.

Soweit zum Ausgangspunkt jeglichen Denkens und einer Erkenntnis, die folgendes deutlich macht: die wesentlich qualitativ unterschiedlichen Wirklichkeiten, ihre jeweiligen Fragen und Probleme müssen auch unterschiedlich behandelt und gedacht werden. Es ist dringend notwendig, diese Wirklichkeiten zu unterscheiden und spezifisch zu erforschen. Trotz der Tatsache, dass Philosophie als Vorläufer aller Wissenschaft immer alle Bereiche umfasste. Es ist ein wesentliches Anliegen dieses Textes, diese notwendige Unterschiedlichkeit des Herangehens und Denkens in diesen Seinsbereichen deutlich und verständlich zu machen.

Auch die heutige Ausdifferenzierung der Wissenschaften und ihrer Hauptsparten lassen die Wirksamkeit der genannten Grobeinteilung erkennen. Zugleich zeigen die spezifischen Wissenschaftsmethoden in diesen Sparten, die Basisbegriffe und Kategorien sowie die unterschiedliche Methodologie, dass ein innerer Grund dieser Seinsbereiche oder Gegenstandsbereiche vorliegt, der diese Grobeinteilung ebenfalls begründet.

Denken über das Denken – wer ist Subjekt, was Objekt?

Nach diesen Vorbemerkungen geht es nun laut Gesamtüberschrift um 'das Denken', den letzten, großen umfassenden Bereich nach den großen Seinsbereichen, der unbelebten Natur, der belebten Natur, dem Leben generell und der Gesellschaft, also um das Denken überhaupt. Genauer gesagt, es geht um den Unterschied zwischen dem Denken der Menschen – gedacht als Individuen – und dem Denken der Gesellschaft als ganzer, das selbstverständlich nicht die Summe, die Mehrheit oder der Durchschnitt dessen ist, was individuell gedacht wird und wie es gedacht wird.

Mit dieser Einordnung wird bereits das Hauptproblem dieses Gegenstandes deutlich. Während es für die Beschäftigung mit der Natur noch erlaubt sein könnte, die unbelebte Natur als Gegenstand menschlichen Denkens, Wissens und Erkennens zu bezeichnen, ist das für einen 'Gegenstandsbereich' Gesellschaft bereits unmöglich. Wir als Menschen und damit als gesellschaftliche Wesen könnten nie der Gesellschaft als einem

Gegenstand unseres Denkens gegenüber treten. Die Trennung eines erkennenden Subjekts von ihrem Objekt des Erkennens, nämlich der Gesellschaft, ist unmöglich. Wer immer über Gesellschaft, seine oder ihre eigene oder eine fremde nachdenkt, betrachtet, analysiert, ist selbst nie losgelöst von dem, was sie oder er, was eine Institution, ob Regierung, Wissenschaft, Kirche, Sozialverband, Schule, Medien bereits aus ihm oder ihr, dem denkenden und erkennenden Menschen gemacht haben.

Das ist Stand der wissenschaftlichen Erkenntnis und Erforschung und sogleich Thema und Grundproblematik jeglicher Gesellschaftstheorie. Trotz dieser erkannten und selbstverständlichen Problematik ist es wissenschaftliche Praxis, dass diese Trennung nicht nur für möglich gehalten wird, sondern tagtäglich praktiziert wird. Soziologie, alle Gesellschaftswissenschaften, ihre Herangehensweise, ihre Methoden, ihre Institutionen, Begriffe und Theorien deuten Gesellschaft als das, was die Wissenschaft, die einzelnen Wissenschaftlerinnen untersuchen, indem sie sich als Subjekt begreifen, das in die Gesellschaft hineinschaut, die sie untersuchen und verstehen wollen. Ein solches Subjekt aber, das selber unabhängig, objektiv von außerhalb auf seinen Gegenstandsbereich schaut und aus dieser Sicht Begriffe, Konzepte, Theorien darüber entwirft, entwickelt, prüft, verwirft und weiter damit arbeitet, kann es beim Objekt 'Gesellschaft' jedenfalls nicht geben.

Selbstverständlich werden die Methoden der wissenschaftlichen soziologischen Erkenntnis sorgfältig geprüft, ob nicht Einflüsse, Abhängigkeiten der Wissenschaftlersubjekte und ihres Tuns die Art und Weise sowie die Inhalte ihrer Erkenntnis beeinträchtigen, stören oder verfälschen. Wie das geprüft wird, darüber geben alle Lehrbücher der empirischen Sozialforschung Auskunft, Anleitung und Begründung. Eine Behandlung würde hier zu weit führen. Ich verweise auf die umfangreiche Literatur. Dabei wird eine tiefer gehende Begründung für die Validität dieser Methoden und Verfahren bereits dem

Sachbereich Wissenschaftstheorie zugewiesen.

Aber mit dieser sorgfältigen Prüfung ist es dann auch getan. Die institutionelle Forschungstätigkeit ist damit in der Lage allgemein ihre Begriffe und Konzepte als Elemente und Bestandteile guter, d.h. brauchbarer, zutreffender bis wahrer Erkenntnis weiter zu verwenden. Damit werden diese Begriffe, Konzepte und Theorien zu geltenden Ordnungs-, Wissens- und Denksystemen. Das grundsätzliche Problem scheint damit gelöst und wird nur noch in Randbereichen überhaupt benannt und diskutiert. Genauer: es wird aus dem soziologischen Forschungsprozess ausgegliedert und – wie bereits angemerkt - der Wissenschafts- und Erkenntnistheorie und deren Problemen zugeordnet. Aus verschiedenen, scheinbar zufälligen Gründen gibt es ab und zu Veränderungen bis hin zu 'Störungen' in und mit den geltenden Ordnungs-, Wissens- und Denksystemen. Es kommt zum sog. Paradigmenwechsel, Änderungen grundlegender Sichtweisen, Perspektiven, Zielstellungen gesellschaftlichen Denkens. Dazu genauer im Kapitel Wissenschaftliche Revolutionen.

Dasselbe passiert und geschieht laufend mit dem 'Gegenstandsbereich' Denken selber. Dieser ist der Philosophie zugeordnet. Er wird auch als Gegenstand der Psychologie, der Medizin, der Neurowissenschaften und dergl. eingeordnet. Bereits mit diesen Zuordnungen werden z.T. schwerwiegende Eingrenzungen und Reduktionen vorgenommen, die aufgrund einer allgemeinen Akzeptanz dieser Zuordnungen oftmals nicht einmal registriert werden.

Wird etwa die Entwicklung der kognitiven Fähigkeiten bei Kindern beschrieben, begrifflich gefasst und kategorisiert, beginnt diese Forschung oftmals direkt bei den Kindern und deren Umfeld. (s. Holzkamp-Osterkamp[3]). In einer Zeit, in der man immer häufiger von 'künstlicher Intelligenz' spricht, wird

---

[3] Holzkamp-Osterkamp, Ute, Grundlagen der psychologischen Motivationsforschung 1, Ffm 1975

man immer wieder auf Zusammenhänge gestoßen, in denen Informationsgewinnung und –verarbeitung von Computern auch mit menschlichen Möglichkeiten des Wahrnehmens, Prüfen und Entscheidens in Verbindung gebracht werden. Auch hier sind dringend Klärungen dieses Zusammenhangs, der vorherrschenden Analogien, ihrer Zulässigkeit und Reichweite erforderlich.

Wenn ich das Denken als 'letzten' der genannten Seinsbereiche bezeichne, ist ebenfalls dieser Sündenfall der wissenschaftlichen Erkenntnis bereits geschehen. Indem unbelebte Natur quasi selbstverständlich Milliarden Jahre unabhängig von menschlichem Tun und Denken existierte, ebenso wie die belebte Natur, schien es erlaubt, dass Menschen zunächst als 'reine' Naturwesen sich mit dieser Natur außerhalb ihres Selbst-Seins beschäftigten, sie erlebten, erforschten und sich unabhängig davon ihre Gedanken über diese Natur machen konnten. Eine zeitliche Reihenfolge der Erkenntnis war doch plausibel? Genauso war es plausibel, dass sie erst viel später im Laufe ihrer historischen Entwicklung sich die Welt erklären wollten, die sie als Gesellschaft schon lange praktizierten. Genauer gesprochen, wollten sie sich diese nicht nur erklären, sondern sie mussten es.

Sie mussten Gesellschaft in und mit ihren Riten, Mythen, Geschichten und Religionen erklären, um überhaupt lebensfähig zu sein. Und dann noch später konnten sie diese Arten der Erklärung als Religion, Philosophie, als menschliche Erkenntnissysteme selbst 'in Frage stellen', d.h. befragen und in neue Zusammenhänge einordnen.

Kurz: allein mit der Frage, wie verhält sich menschlich-individuelles Denken zum gesellschaftlichen Denken, also zu Wissenschaft, Philosophie, Religion, Zeitgeist, Literatur, Medien steht man unmittelbar vor einem verschlungenen Knäuel von Problemen, die akzeptable Klarheit oder einfache Antworten praktisch ausschließen – von Lösungen gar nicht zu reden.

Andererseits gibt es unübersehbar bereits viele Antworten. Wir besitzen umfangreichstes Wissen und unendliche Literatur zur Psychologie des Denkens (Kognition), also des individuellen Denkens und genau so viel Wissen darüber, wie und was Wissenschaft, die Philosophie, Religion und Zeitgeist etc. über das Denken der Gesellschaft zu Tage gefördert hat.

Wo liegt das Problem des Themas?

Angesichts dieser Widersprüche frage ich mich und werden Leserinnen und Leser fragen: Was könnte der Inhalt eines Essays über gesellschaftliches Denken und dessen Verhältnis zum individuellen Denken sein?

Die damit zusammenhängende Frage wäre die folgende: Warum hätte die Beschäftigung mit dieser Frage, diesem Verhältnis überhaupt einen Sinn, eine Bedeutung, wo liegt das Problem?

Ein aktueller Anlass, der ein Licht auf das Problem wirft, besteht m.E. in einer Praxis, die laufend im und für den politischen Diskurs, die Demokratie angewandt wird, eine große Bedeutung hat und genau das Verhältnis von gesellschaftlichem und individuellem Denken betrifft. Ich meine damit z.B. die Befragungen der Bevölkerung zu allen nur denkbaren Themen, die mit nicht geringem Aufwand für Politik und Wirtschaft unabdingbar sind. Es ist bekannt, dass die Ergebnisse dieser Befragungen neben vielen aktuellen Anlässen und Motiven jeweils zwei Hauptfunktionen erfüllen sollen.

Einerseits soll der Öffentlichkeit widergespiegelt werden, was 'man' in dieser Öffentlichkeit oder einem bestimmten Ausschnitt dieser Öffentlichkeit zu einem abgegrenzten Thema denkt bzw. meint und gleichzeitig wird durch das Ergebnis, seiner gezielten Verbreitung und Interpretation für dieses Publikum eine Orientierung gegeben darüber, was gedacht wird, worin Mehrheiten, Minderheiten sich unterscheiden, so dass man sich selber zu- und einordnen kann. Was öffentlich gemeint wird, verarbeitet das Individuum im Verhältnis zu seiner individuellen

Einstellung. Zu Recht werden diese Meinungsumfragen und ihr Einsatz als Mittel der Meinungsbildung, Meinungsmanipulation, der Begründung und Rechtfertigung politischen Handelns gewertet. Für die Medien sind Umfrageergebnisse sowohl das Potential der Themen, Schwerpunkte, Meinungen aus dem sie schöpfen, um Bekanntheit, Akzeptanz, Verständnis – schlicht Aufmerksamkeit zu erlangen. Und gleichzeitig verstärken sie dieses Potential – ungeachtet der Stromlinienförmigkeit, der sie sich damit unterwerfen.

An dieser Stelle kann ich nicht auf die Methoden der empirischen Sozialforschung eingehen[4], die je nach Aufwand mehr oder weniger zur Anwendung kommen und bei der offiziellen, d.h. seriösen Berichterstattung über die Ergebnisse einer Befragung auch bewertet werden. Hier geht es noch weiter darum, die beiden Hauptfragen zu verfolgen, die die unlösbare Verquickung von individuellem und gesellschaftlichem Denken betreffen und die Relevanz einer Klärung dieses Verhältnisses betreffen.

An dieser Stelle ist verallgemeinernd zu fragen, ob, wie und in welchen Bereichen und Formen Wissenschaft überhaupt als ein Ausdruck gesellschaftlichen Wissens und Denkens aufgefasst werden muss. Historisch jedenfalls gibt es eindeutig Zeiten, in denen völlig andere Weltauffassungen und Welterklärungen als Wissenschaft dominant waren als in unserer Neuzeit, die sich mit dem Fortschritt nicht nur wissenschaftlicher Erkenntnis schmückt, sondern diesen Fortschritt absolut in historischer Hinsicht als letzten und besten Stand feiert.

Mit dem Komplex der sog. Meinungsumfragen ist zwar ein relevantes Thema genannt, das eine genauere Analyse des Themas rechtfertigt. Aber als weit umfassender, wirkmächtiger, bedeutsamer kann man weitere Bereiche benennen, in denen individuelles Denken entwickelt, geprägt und geformt wird

---

[4] s. E.Dietz, Wissenschaft und Forschung – sicher auf unsicherem Boden, ISBN: 978-3-940190-74-1

durch das geltende gesellschaftliche Wissen und Denken. Dazu gehören in erster Linie die Schulbildung, die Formen und Strukturen der Institutionen des allgemeinen Bildungssystems. Dazu gehört weiter das System der öffentlich zugänglichen und breit genutzten Informations- und Meinungsmedien. Nur, um nicht auszuufern, will ich mich auf diese wichtigen Bereiche beschränken und behaupte, wenn nur in diesen drei genannten Bereichen eine Klarheit der Analyse erkennbar wäre, ist die Frage der Relevanz und damit der Notwendigkeit dieser Analyse bestätigt.

Wie fängt man an?

Bleibt die schwierige Frage, ob und wie man analytisch dem Komplex des Denkens und Fühlens auf der gesellschaftlichen Ebene zu Leibe rücken kann. Zu dieser Frage gehört die Darstellung und Erklärung der Methoden und Ergebnisse, die bisher bekannt sind. Diese Darstellung möchte ich konkret für die genannten drei Bereiche der Meinungsumfrage, des Schulbildungssystems und der Medien so kurz wie möglich vornehmen lediglich zu dem Zweck, um verständlich und vergleichbar zu machen, welche Bedingungen, welche Dynamik der Veränderung und welche Bedeutungen in diesen Bereichen wirksam sind. Es geht also nicht um die wissenschaftlichen Erkenntnisse, die bisher in diesen Bereichen vorliegen. Diese wären auch niemals in einem Zusammenhang oder Werk darstellbar. Es geht vielmehr um die Darstellung dessen, was 'man' – ein unbestimmter gesellschaftlicher Durchschnitt – weiß, wissen könnte oder sollte über Schulbildung, Medien, Meinungsumfragen und Wissenschaft.

Mit dieser Kurzdarstellung allein dieser vier Felder sollte die Vorstellung des gesellschaftlichen Denkens gelingen. Keinesfalls ist damit eine erschöpfende Erklärung dieses Begriffs möglich. Wichtig ist mir bei dieser 'Vorstellung', dass die Unterschiede zum individuellen Fall deutlich werden und dass Anregungen entstehen, die genannten vier Felder im Zusammenhang ihrer

Wirkungen, ihres Zusammenspiels bei der Formung des gesellschaftlichen Denkens zu sehen.

Anschließend gehe ich auf einige erhellende schichtspezifische Formen des gesellschaftlichen Denkens ein. Danach versuche ich Begriffe wie Moral, Ängste, Vertrauen etc. als Beispiele gesellschaftlichen Fühlens zu diskutieren in Abhebung zum jeweils individuell verstandenen Begriff.

Alle weiteren Kapitel befassen sich dann mit gesellschaftlichem Handeln, das sich aus Denken und Fühlen speist.

Allgemeine Schulbildung

Schulbildung als Ausdruck gesellschaftlichen Wissens

Die allgemeine Schulbildung, ihre Notwendigkeit, ihre Bedeutung, Ziele scheinen am klarsten und relativ einheitlich im gesellschaftlichen Denken verankert zu sein. Die Wissenschaften, speziell der Pädagogik und Psychologie, die zugeordneten Institutionen und ihre Praxis, die personellen und finanziellen Ressourcen der Gesellschaft für diesen Bereich sind anerkannt, unbestritten, von großer Bedeutung. Und wegen dieser Akzeptanz und Bedeutung wird darüber gesellschaftlich immer aktuell diskutiert und gestritten. Dieser Diskurs, so vielfältig und kontrovers er erscheint, hat seine Grenzen, wenn er die anerkannten sog. Werte der Gesellschaft berührt. Diese Werte werden in ihrer Entstehung dem Zeitalter der Aufklärung zugerechnet, entwickelten, veränderten und verbreiteten sich aber laufend, schließen Grundlagen, Gebote und Formen rationalen, individuellen Denkens ein und umfassen neuere Werte, spezifische Menschenrechte und demokratische Herrschafts- und Machtformen.

Der Rahmen des gesellschaftlichen Denkens ist also nicht beliebig, nicht frei, ist historisch entstanden, veränderlich und wird kontinuierlich z.B. durch das allgemeine Bildungssystem vermittelt und damit für einen gewissen Zeitraum stabil gehalten. Diese Konstanz und Bestandsfestigkeit erzeugt eine gesellschaftliche Homogenisierung, eine elementare Grundbedingung jeder Gesellschaft. Das US-amerikanische Schulsystem zeigt beispielhaft, wie eine Einheitlichkeit über alle Bundesstaaten hinweg neben anderen Faktoren zu dieser Identifikation der US-Gesellschaft beigetragen hat.

Mit diesen Feststellungen ist noch nichts gesagt über andere, weitere Bedeutungen und Ziele der allgemeinen Schuldbildung einer Gesellschaft. Da es andere Gesellschaften ohne diese verbindlichen Formen der Bildung gibt und diese auch erst seit historisch kurzer Zeit in unserer Gesellschaft existieren, wird klar, dass auch die Ausdifferenzierung der gesellschaftlichen Arbeitsteilung und die Komplexität der gesellschaftlichen Produktion und Daseinsvorsorge bzw. Reproduktion die allgemeine Schulbildung notwendig gemacht haben.

Schulbildung als individuelle Basisqualifikation

Schule als Voraussetzung jeder Berufsausbildung und Schule als Vermittlung gemeinsamer Werte geraten in einem zunehmenden Spannungsfeld gegeneinander. Schule als Bildungsvermittlung und ihre Funktion als primäre Zurichtung von Individuen für ihre Verwertung als nützliche Mitglieder der Gesellschaft und damit in erster Linie als zukünftige Arbeitskräfte stehen sich zunehmend gegenüber.

Die jeweiligen Prioritäten sind umkämpft. Der praktische Nutzen gerät mehr und mehr in den Vordergrund. Gesellschaftliche Haltung dazu bildet sich heraus und verändert damit die spezifische Wertschätzung des Bildungswesens für die betroffenen Individuen, die sich zu Familien und Schichten darum sortieren. Bildungsferne Schichten – identifiziert mit diesen neuerlichen Begriffen – berühren die Interessen der sog. Intelligenz und den Eliten der Gesellschaft. Letztere haben das berechtigte Interesse, dass ihre Nachkommen, die sich bereits im Vorschulalter elementare Kulturkompetenzen aneignen konnten, nicht zurück geworfen werden durch die Nachkommen eben dieser 'bildungsfernen' Schichten in dem Moment, wo alle miteinander in die Eingangsklassen der Grundschulen gespült werden.

Die Herausforderungen an den Lehrerberuf sind angesichts dieser dort aufbrechenden Diskrepanzen durchaus Probleme, die die ganze Gesellschaft durchziehen und zum Handeln zwingen. Die Wahrung des kulturellen Erbes und die ökonomische Reproduktionsfähigkeit der Gesellschaft scheinen sich plötzlich gegenüber zu stehen.

Beispielhaft liegt hier der Fall vor, den wir woanders noch weiter verfolgen werden, dass im Laufe einer Entwicklung, die durchaus – zwar nicht vollständig zwanglos – aber absehbar notwendigen Veränderungen geschuldet ist, das Denken der Gesellschaft sich ebenfalls verändert hat.

Wenn ich später auf das Denken, Fühlen und Handeln der Gesellschaft im Zusammenhang mit den aktuellen großen Krisen eingehe, wird man schnell zustimmen, wie bedeutsam die richtige Vermittlung von Werten und die Zielstellungen für demokratisches Handeln geworden sind. Damit gewinnt die Priorisierung der Schulbildung bei der Vermittlung globaler und humanistischer Werte Vorrang.

Die Abhängigkeit des gesellschaftlichen Denkens vom realen Lebensprozess der Gesellschaft trifft auch zu für die sehr tief durchdachten und begründeten Denkformen der Wissenschaft. Die sehr hochgehaltenen Werte rationalen, wissenschaftlichen Denkens wie sie uns seit der Aufklärung nahe gelegt werden und wie sie heute im politischen Diskurs als Letztbegründung für politisches Handeln eingesetzt werden, sollten deswegen zwar nicht demontiert werden. Aber kritisch muss gefragt werden, ob diese Werte des rationalen Denkens und ihr Geltungsanspruch doch in ihrer Bedeutung für die Ergebnisse der Wissenschaften nicht deutlich zurück bleiben. Letzteres

---

umso mehr, weil die Rationalität des Forschungsprozesses etwa im medizinischen Bereich sich auf kleinste Realitätsausschnitte bezieht. Die unbegrenzt zerlegend analysierenden Wissenschaften des Lebens verfügen noch nicht einmal über anerkannte Methoden, wie man von diesen Analysen zu ganzheitlichen und trotzdem relevanten Schlüssen gelangt. Mehr und Weiteres dazu im Kapitel *Wissenschaft*.

Medien, die 4. Säule der Demokratie

Mit den bürgerlichen Revolutionen in Europa entstand mit der Forderung nach Pressefreiheit eine wesentliche Säule des Widerstands und der Auflehnung. Presse avancierte ausgesprochen als 4. unabhängige Macht neben Legislative, Exekutive und Jurisdiktion.

Dies entsprach den Werten der Aufklärung, weil nur ein hinreichend informiertes Individuum in der Lage sein konnte, sich als autonom denkendes Wesen zu entwickeln und seine Autonomie und daraus folgende Rechte des Individuums den legitimen Herrschaftsinteressen der Gesellschaft entgegen zu setzen. Überhaupt bestand eine wesentliche Neuerung der Aufklärung in der Inthronisierung des Individuums als dem entscheidenden Rechtssubjekts, dem Zentrum ethischer Verantwortung, dem Autor des Denkens und der Gedanken. Dies entsprach den Bedürfnissen der damaligen Zeit und die Produktion des besitzlosen Lohnabhängigen im Laufe der Industrialisierung trug diesen Bedürfnissen Rechnung. Jedem einzelnen Arbeiter stand es frei, per Vertrag seine Arbeitskraft zu verkaufen. Der existenzielle Zwang, der dahinter stand konnte erst durch die gewerkschaftliche und Arbeiterbewegung und ihrem Kampf für Arbeitsgesetzgebung und Tarifverträge abgemildert werden.

Ich werde im Weiteren darlegen, wie und in welchen Schritten die Aufklärung und die herrschende Meinung diese Inthronisierung des Individuums bewältigt haben.

Im Ganzen kann man die Aufklärung als einen

Entwicklungsprozess des europäischen Denkens auffassen, der sich von den Intentionen her bereits seit der Renaissance (16. Jhrt.) und dann bis hin in das 19. Jhrt. und den Auswirkungen der klassischen deutschen Philosophie hinzog. Dieser Prozess kann hier im Einzelnen nicht nachvollzogen werden. Aber die Auswirkungen auf unser Denken, unsere Werte und darunter der Stellenwert des Individuums und die Rationalitätsansprüche wirklicher Erkenntnis wirken uneingeschränkt bis heute fort.

Ein weiteres wichtiges Denkpanorama wird auf Wikipedia so beschrieben: *"Viele Vordenker der Aufklärung waren fortschrittsoptimistisch und nahmen an, eine vernunftorientierte Gesellschaft werde die Hauptprobleme menschlichen Zusammenlebens schrittweise lösen. Dazu vertrauten sie auf eine kritische Öffentlichkeit."* In dieser verkürzenden, aber treffenden Charakterisierung wird ein Element des Wertesystems angesprochen, das uns heute unter den Fingern zerrinnt. Es hatte aber z.B. bis zu gewissen politischen Auswirkungen des Marx'schen Denkens eine große Bedeutung. Die Hoffnung, aufgrund der erstaunlichen Fortschritte bei der Beherrschung der Produktivkräfte der Gesellschaft mit neuen – ebenfalls rational begründeten - Produktionsverhältnissen aus Krisen und grundsätzlichen Miseren heraus zu kommen und aktiv die Zukunft gestalten zu können, darin bestand die große Anziehungskraft des Sozialismus und Kommunismus.

Anders als in den Nachkriegsjahren des Weltkriegs II schaut man heute nicht mehr positiv in die Zukunft. Allein diese Aussage kann nur bestätigt werden durch Umfragen auf die ich im Kapitel *Meinung* zu sprechen komme.

Bleiben wir aber zunächst noch bei den Funktionen und Auswirkungen der mit der Aufklärung frei gewordenen Presse. Immer wieder wird darauf hingewiesen, dass Luthers Reformation ohne die Erfindung des Letterndrucks sich nie, zumindest nicht in dem Umfang in Europa verbreitet hätte. Ob das zutrifft muss offen bleiben. Doch es spricht nicht nur der

Fall der Reformation dafür, sondern alle revolutionären Bewegungen nutzten die neuesten, schnellsten, effizientesten Medien für die Verbreitung ihrer Ideen und Erfolge und dass sie ohne eine mediale Unterstützung sich so, wie es historisch erkennbar ist, hätten durchsetzen können, ist äußerst fraglich.

Zunahme der Mediendichte

Letztlich wird diese Behauptung über die Rolle der Medien erst recht gestützt durch die den Medien in ihrer unterschiedlichen Aufmachung und Präsenz heute zugeschriebene Macht der Durchsetzung von Meinung. Bei der Bewertung dieser Entwicklung sind zwei Qualitäten vorrangig. Zum einen die Gestalt des Mediums, die Form, mit der es auf die Individuen einwirkt. Der Unterschied von gesprochener Sprache, über geschriebene, gedruckte Schrift zu Audio-, Bild- und Videoinhalten ist allein aufgrund menschlicher Rezeptionsmöglichkeiten nicht einfach linear und quantitativ zunehmend. Das muss auch zu gesondert gestufter Bewertung der jeweiligen Medien führen.

Man sollte sich die Zeitabstände zwischen der jeweiligen 'Einführung' neuer Medien durchaus sinnlich vor Augen führen:

Buchdruck (1450) – Tagespresse (1800) – Radio (1920) – TV (1950) – Internet (1989) – Internet 2.0 (2003)

2003 bis heute: Web 2.0 und die Cloud

1989 Kommerzialisierung und das WWW

1929: erste Fernsehdienste ab 1929 mit regelmäßigen Sendungen von etwa 40 Stationen

1920: im deutschsprachigen Raum begann der Rundfunkbetrieb 1920 zuerst in der Schweiz und Deutschland mit Testsendungen. Erste regelmäßige Programmausstrahlungen folgten Ende 1922 und Anfang 1923 durch zwei schweizerische Flugplatzsender, im Herbst 1923 mit der reichsdeutschen Funk-Stunde Berlin und im Oktober 1924 mit der österreichischen RAVAG in Wien. Ort der ersten reichsdeutschen Rundfunksendungen war das erste Tonstudio Deutschlands, das heutige Altbaustudio der Universität der Künste Berlin in Berlin.

1901: wurde es nach Gründung vieler Verlage in Deutschland erforderlich, die Rechtsgrundlagen für das Verlagswesen in einem Gesetz zu kodifizieren.

1721: Wird als Geburtsdatum" der Vossischen Zeitung geführt. Das Blatt selbst feierte sein 200-jähriges Jubiläum im Jahre 1904 und nannte das entsprechende Gründungsdatum zuletzt auch auf seiner Titelseite.

1618: gedruckte Exemplare von 1618 enthielten schon regelmäßig Korrespondenzen aus Amsterdam, Den Haag, Köln, Rom, Venedig, Prag und Wien. Häufig griffen Zensoren in die Berichterstattung ein.

Man mache sich nur einmal und nur in einem Fall – etwa beim Vergleich von schriftlichem mit audio-visuellem Medium, also z.B. zwischen Buch und Film – klar, welche rational-intellektuellen, emotionalen und geistigen Anstrengungen erforderlich sind, um aus den Textzeilen eines Buches eine reale Welt in Kopf und Gemüt zu erzeugen im Vergleich zu den Anstrengungen, die wir bei einem Film (von dem wir 'einfach mitgenommen werden') aktivieren. In ähnlich gravierender Weise, aber mit total anderen Anstrengungsleistungen muss man sich den Übergang der gesellschaftlichen Wahrnehmung und Verarbeitung vorstellen beim Übergang von der analogen zur digitalen Medienwelt.

Neue Medien, Digitalisierung

Bei der Entwicklung der im heutigen Sinn als Medien bezeichneten kontinuierlich angebotene Nachrichten- und Informationsdienste muss man die Entwicklung der 'Träger'-Medien, also Papier/Post, Elektrizität, Hochfrequenzwellen, digitale Netze unterscheiden und parallel auch Telegrafie,

Telefon, Telefax, Internet betrachten als immer effizientere Übertragungsmedien. Mit der sog. Digitalisierung nutzen verschiedene Übertragungsmedien eine einzige Netzstruktur. Damit einher geht ein begrifflich folgenschweres Durcheinander.

Produktion und Infrastrukturen kommerzieller und administrativer Art brauchen als Trägermedium das Internet mit hohen Bandbreiten für ihre spezifischen Anwendungen. Dasselbe Netz ermöglicht und stellt sich gleichzeitig dar als Medium, über das wir Inhalte, Informationen, Kommunikation allgemeiner und privater Natur austauschen bzw. abwickeln. Während politisch mit Digitalisierung von Seiten der Industrie und Verwaltung ein technischer Ausbau gefordert wird, dient der gleiche Begriff dazu, etwa für das Bildungswesen Anforderungen ähnlicher Qualität zu formulieren, obwohl hier die Aneignung, der Umgang und die Beherrschung der Medien das zentrale Problem ist und nicht die Übertragungsleistung und technische Nutzungsformen des Übertragungsnetzes.

Ein banaler Vergleich macht den Unterschied deutlich: die Zunahme und Bedeutung des Autoverkehrs, die Ausdehnung und Notwendigkeiten des Straßennetzes hat nie zu Forderungen geführt, dass etwa das Wissen und die Beherrschung des Automobils oder seines Straßennetzes ein Bildungsgegenstand sein müsste. Hingegen war Verkehrserziehung für unsere Jüngsten eine Notwendigkeit. Dem spricht nicht entgegen, dass viele (speziell männliche) Menschen von diesem Gerät 'Auto' fasziniert sind und aus ihrer Sicht optimale Verbindungswege einfordern.

Noch andere Probleme der unter dem Begriff Digitalisierung zusammen gefassten Anforderungen betrifft z.B. die Regulierung der sog. Social Media. Hier geht es weniger um Datenschutz und Datenmissbrauch, sondern um das Problem, dass jeder Mensch prinzipiell in der Lage ist, die Welt mit Information jeder Art zu überschütten.

Es geht um die umfassendere Problematik der menschlichen

Ressource Aufmerksamkeit.[5] In dem genannten Buch von James Williams, einem ehemaligen Softwarearchitekten bei Google wird durchaus das Problem nicht nur auf der individuellen Ebene beschrieben, sondern auf der gesellschaftlichen, von der hier die Rede ist. Williams verlagert die Perspektive, die momentan auf der Information liegt. Mit Begriffen wie Informationszeitalter, Informationsüberschwemmung wird mehrheitlich diskutiert, welche Menge, welche Arten von Information wir erhalten und vertragen. Williams legt den Fokus auf die Ressource Aufmerksamkeit. Um diese Ressource kämpfen Google, Facebook, Apple bis Netflix, Twitter, Amazon, alle Großen und Kleinen der Messenger- und Plattformökonomie. Als allzeit bereites Endgerät dient das Smartphone in erster Linie dazu, die Aufmerksamkeit der Nutzer auf sich zu lenken. Williams vergleicht dies Gerät mit einem ebenfalls sehr nützlichen System, einem GPS-Navigationssystem. Wenn dieses Navigationssystem ab und zu mich zum Ziel führt, dazwischen aber mehrfach mich zu anderen, ungewollten Zielen führt, verwandelt sich der Nutzen in Schaden. So wie ursprünglich das Internet Information anbot, die unserer Orientierung dienen sollte, dient es heute in der Präsenz des Smartphones der Verschlingung von Aufmerksamkeit und damit der Desorientierung. Denn Aufmerksamkeit ist eine Qualität, eine Ressource die auf individuellem wie auf gesellschaftlichem Level begrenzt war, begrenzt bleibt und nicht mitwachsen kann. Auf gesellschaftlichem Level kann man hinterfragen, ob Aufmerksamkeit objektiv eine begrenzte Ressource ist.

Williams verweist als ehemals professionell und verantwortlich tätiger SW-Designer bei Google darauf, dass das Ziel des Aufmerksamkeitsgewinns sich nicht einfach ergeben hat, sondern bewusst im Design der Hard- und Software verankert wird. Eine wichtige Schlussfolgerung aus dieser Situation

---

[5] Deutlich beschrieben in: Williams, J. (2018). *Stand out of our Light: Freedom and Resistance in the Attention Economy.* Cambridge: Cambridge University Press. doi:10.1017/9781108453004

besteht für ihn darin, dass die Freiheit, die wir mit der Verfügbarkeit über mehr Information zunächst gewonnen haben, verwandelt wird in Abhängigkeit und Unfreiheit, die ungewollt abgezogene Aufmerksamkeit und Desorientierung mit sich bringt. Der Begriff Ablenkung für ungewollt verbrauchte Aufmerksamkeit beschönigt nur die Tatsache eines Verlusts. Es ist der unwiederbringliche Verlust an begrenzter Aufmerksamkeit, an Lebenszeit und –gewinn, der mehr und mehr mit der Digitalisierung verbunden werden muss. Williams erkennt auch die Wirkung der massenhaft abgezogenen Aufmerksamkeit:

"But I also knew this wasn't just about me – my deep distractions, my frustrated goals. Because when most people in society use your product, you aren't just designing users; you're designing society. But if all of society were to become as distracted in this new, deep way as I was starting to feel, what would that mean? What would be the implications for our shared interests, our common purposes, our collective identities, our politics?"[6]

(Aber ich wusste auch, dass es nicht nur um mich ging – um meine tiefen Ablenkungen, meine frustrierten Ziele. Denn wenn die meisten Menschen in der Gesellschaft Ihr Produkt verwenden, entwerfen Sie nicht nur Benutzer; Sie entwerfen die Gesellschaft. Aber wenn die ganze Gesellschaft auf diese neue, tiefe Weise so abgelenkt wäre, wie ich es zu fühlen begann, was würde das bedeuten? Welche Auswirkungen hätte das auf unsere gemeinsamen Interessen, unsere gemeinsamen Ziele, unsere kollektiven Identitäten, unsere Politik?" Übersetzung: translate.google.com)

Dagegen leidet die Problematik des Datenschutzes nicht an gesellschaftlicher Aufmerksamkeit und diese ist durchaus notwendig und berechtigt. Auch diese Problematik begann nicht mit dem Übertragungsmedium Internet, sondern mit dessen

---

[6] a.a.O. Seite 10

spezifischer Nutzung als allseitiges Kommunikationsmittel, dessen Inhalte nicht nur nicht verschwinden, sondern von Unbeteiligten als Ware verwertet werden können und damit Einfluss bis hin zu Macht ausgeübt werden kann. Die Entwicklung der Cyber-Kriminalität und ihrer Bekämpfung bietet reichhaltiges Anschauungsmaterial dafür, wie die Ausbreitung, die Verfügbarkeit, der Wert von Information sich gewandelt hat und in immer neuen gesellschaftliche Bereichen Veränderungen des Denkens, des Bewertens und Urteilens sowie des Handelns der Gesellschaft bewirken.

Die zweite Qualität, nach der die Entwicklung der Medien bewertet werden muss, ist die zeitliche Abfolge, in der die jeweils neuen Medien auf Menschen eingewirkt haben bzw. ihnen zur Verfügung standen. Während der Buchdruck zur Folge hatte, dass sich Lesekompetenz in der Breite erst durchsetzen musste und durchgesetzt hat, sind bild- und tonbasierte Informationsmedien quasi selbstkompetent für die Rezeption des Inhalts. Mit der bloßen Rezeption ist es nicht getan. Es stellt sich die Frage der individuellen und gesellschaftlichen Kompetenz für adäquate inhaltliche Verarbeitung bei zunehmender Informationsverdichtung.

Eine moderne, weitere, völlig neue Qualität besteht darin, dass sprach-, ton- und bildbasierte Informationen vom menschlichen Empfänger ausgewählt und aktiv abgerufen werden kann (Internet 2.0) und vielfältige, bewusste und unbewusste Feedbacks generiert werden. Gleichzeitig können regional weiträumig bis global wirkende Medien von Individuen mit überschaubarem Aufwand installiert werden.

Allein diese drei genannten wichtigsten Qualitätsunterschiede bei der Medienentwicklung müssen berücksichtigt werden, wenn der Prozess des gesellschaftlichen Denkens für den gleichen Zeitraum analysiert wird. Genau dabei müssen die gleichen, immer kürzeren Abstände zwischen gewohnten, 'gelernten', beherrschten Medien und der Verbreitung neuer Medien und deren Rezeption beachtet werden.

Eine gewagte Analogie

Mit dieser Feststellung sind wir beim modernen Problem der allseits festgestellten Informationsüberschüttung und Unübersichtlichkeit. Lassen wir einmal einen unmöglichen Vergleich zu und stellen uns die Medien – jedes in seiner Zeit – als Augen, Ohren und als Sprech- und Denkwerkzeuge einer Gesellschaft vor. Natürlich würde einem Individuum auch schwindlig, wenn ohne Unterbrechung Wahrnehmung und Sprechen passiert, aber als allererstes wäre die Frage offen: was erfährt die Gesellschaft und was widerfährt ihr, wenn ihr - analog gedacht - schwindlig wird?

Im individuellen Fall liegt der Fall einfach: die Aufmerksamkeit eines menschlichen Individuums ist physisch begrenzt. Darauf basieren – wie oben ausgeführt die Thesen von James Williams. Im gesellschaftlichen Fall ist die Aufmerksamkeit nicht physisch begrenzt. Sie kann verteilt werden. Das vielfach angemerkte Phänomen der informationellen Blasen (nicht nur im Netz) könnte darauf zurückgeführt werden.

Warum, wozu hat die Gesellschaft diese Wahrnehmungskraft und diesen Redefluss entwickelt? Diese Analogie will ich noch einen Schritt weiter treiben und diese Arten und Mittel des gesellschaftlichen Denkens vergleichen mit den Funktionen individuellen Denkens. Letzteres – also das individuelle Denken - dient in erster Linie der Orientierung basierend auf Motivation. Dabei ist zunächst unerheblich, ob das Denken und die Ziele der Orientierung strukturiert, absichtlich erfolgen bzw. angestrebt werden. Oder ob dies unterschwellig, unbewusst, undurchdacht erfolgt. Es geht bei dieser hier gemeinten Orientierung um ein notwendiges Element jeglichen Lebens.

In beiden Fällen, auf der menschlich-individuellen und gesellschaftlichen Entwicklung geht es um die Orientierung in Zusammenhang mit Notwendigkeiten, Absichten und Wünschen des individuellen Handelns im Rahmen der gesellschaftlichen Bedingungen. Diese Orientierungssicherung ist ein permanenter, lebensnotwendiger Prozess, der im individuellen Rahmen qualitativ anders verläuft als im gesellschaftlichen Rahmen, jedoch niemals unabhängig von diesem ist.

Aber welches wären im analogen Fall der Gesellschaft Notwendigkeiten, Absichten, Wünsche, Motivation, welche die Orientierung leiten könnten?

Aus dem Analogie-Gedankenexperiment stellt sich trotz dessen Unzulässigkeit die entscheidende Frage: welche Notwendigkeiten, Intentionen, Wünsche und Zufälle muss und kann die Gesellschaft mit ihren Wahrnehmungsfunktionen, Ihrem Denk- und Kommunikationssystem, also den Medien, für die Orientierung im Rahmen ihrer Handlungsnotwendigkeiten und Handlungsmöglichkeiten nutzen? Wird diese Fülle des medialen Überflusses die Möglichkeit der Orientierung geradezu in Desorientierung verwandeln? Wird sie und will sie das, was ein Individuum noch vermag, nämlich Ausblendung und Gewichtung der Wahrnehmung für die eigenen Bedürfnisse organisieren können? Das Phänomen der informationellen Blasen mit ihrer Tendenz der Verstärkung des eigenen Echos wäre dabei nur eine – unerwünschte – Strategie.

Ursprünglich und für Jahrhunderte bestand für Individuum und Gesellschaft immer ein Mangel an verfügbarer Information. Diesem Mangel stand genügend Aufmerksamkeit gegenüber, die jegliche Information aufsaugt. Dieses Verhältnis hat sich verkehrt: Dem Reichtum an Information steht ein Mangel an Aufmerksam gegenüber, wie aus ökonomischer Sicht Herbert A. Simon bereits 1971 formulierte.[7]

Diese Frage in die Wirklichkeit – nicht aus der Analogie – übersetzt, würde positiv gestellt so lauten: Wie kann und soll Politik als Gesamtsystem gesellschaftlichen Handelns das

---

[7] Nach Hinweis von Williams auf: Simon, Herbert A. (1971). Designing Organizations for an Information-Rich World. *Computers, Communication, and the Public Interest* (pp. 40–41). Baltimore, MD: Johns Hopkins University Press.

existierende Potenzial der bislang entwickelten Fähigkeiten und Möglichkeiten der Medien für die Orientierung der Gesellschaft nutzen? Es ist genau die Frage, die J. Williams aus eigener Betroffenheit stellt.

Als eine Frage des Handelns der Gesellschaft, der Politik, geht es dann auch um eine Machtfrage.

Indem diese Frage global gestellt wird, erscheinen vor unseren Augen sogleich zwei extreme Varianten, wie Politik das Denken der Gesellschaft zu ihrer Handlungsorientierung nutzen könnte. Es wäre auf der einen Seite des Extrems die 'chinesische' Variante, die ich nur so nenne, weil Tendenzen dieser Variante in der chinesischen Politik erkennbar sind. Auf der anderen Seite des Extrems sehe ich eine 'westlich-europäische' Variante. Bei der chinesischen Variante in einer Art Reinform nutzt die Politik die Medien zur Orientierung der Gesellschaft hinsichtlich der Zielstellungen der Politik. Bei der westlichen Variante bestehen ebenfalls Notwendigkeiten einer Orientierung auf kurz- und langfristige Handlungsoptionen, aber es ist politisch und im Rahmen der Werte der Aufklärung ausgeschlossen, die Individuen mit Hilfe der medialen Mittel 'auszurichten'. Da aber die Notwendigkeiten der Handlungsorientierung nicht beseitigt werden können, muss die Politik sich den Mehrheitsmeinungen, die sich den Medien entnehmen lassen, in kurzfristigen Zyklen anpassen oder zu versuchen – soweit es von der Mehrheit zugelassen bzw. unbemerkt oder unwidersprochen bleibt – die Mehrheit zu manipulieren. Vom Ergebnis der beiden Extreme her gesehen, ist das der Unterschied zwischen Pest und Cholera.

Medien als zentrale Funktion gesellschaftlicher Orientierung

Es geht also um die Grundfrage der Demokratie, denn in allen Fällen, auch den beiden Extremfällen, sowohl bei der sog. chinesischen Variante als auch der westlich-demokratischen sind die Zielstellungen und die Orientierung auf die gesellschaftlichen Handlungsoptionen unausweichlich. Für die Individuen sind abweichende Meinungen oder Haltungen in dem einen Fall klarer erkennbar, weil die Orientierung primär und ausdrücklich bekannt ist.

Bei der westlichen Variante kann sich jedes Individuum grundsätzlich verschieden, auch wechselnd ausdrücken und entscheiden, die gesellschaftlichen Notwendigkeiten sind sekundär, weil auch das Ergebnis sich zufällig herausstellt. In allen Fällen, d.h. auch in den genannten, extremen Fällen spielt die Machtfrage die entscheidende Rolle. Während das Individuum scheinbar eigenmächtig entsprechend seinem Orientierungsbedürfnis entscheidet, ist die Machtfrage beim chinesischen, ich spreche in der Folge vom autoritären Fall, klar und bekannt ausgedrückt, während sie im Rahmen des westlich-demokratischen Systems weitgehend ausgeblendet und nicht mehr gestellt wird. Dieser Aspekt des Zusammenhangs von Macht und Medien wird im Kapitel *Manipulation als Machtausübung* behandelt und damit die Frage der Gestaltungsmacht der Gesellschaft über ihr Zusammenleben und ihre Zukunft.

Demokratie und politische Beteiligung

Eine bedeutende Schnittstelle zwischen individueller und gesellschaftlicher Aktivität in der Demokratie wird immer hervorgehoben, unterstützt und gepflegt: es ist die möglichst breite Beteiligung der Individuen am politischen Prozess in der Demokratie. Wenn sich diese Schnittstelle ausdünnt, wenn die Wahlbeteiligungen dauerhaft sinken, wenn Frust-Demonstrationen stattfinden, wenn Abgrenzungen und Blasenisolation umsichgreifen, dann wird zu Recht die Sorge um die Demokratie beschworen. In solchen Zeiten passiert es, dass Meinungen, die auch von relevanten Mehrheiten vertreten werden, wie sie durch Umfragen laufend erstellt werden, deutlich vom kommunizierten politischen Willen abweichen und zwar in den gerade laufenden wichtigen Fragen. (Beispiele:

Waffen in Kriegs- und Krisengebiete, Flüchtlingskrise, EU-Erweiterung, Euro-Einführung, Schuldenmanagement). In diesen Fällen scheinen Diskrepanzen vorzuliegen, die darin bestehen, dass Teile der Bevölkerung sich durch Politik und Medien nicht vertreten fühlen, weil die politisch maßgeblichen Parteien und Institutionen zusammen rücken, um Handlungsstärke zu demonstrieren. Zumindest besteht in der Bundesrepublik eine politische Auffassung, dass extreme Programme, die bereits jenseits der engen Mitte verortet werden, gefährlich für die Demokratie wären. Polarisierung wird sehr schnell als negative Tendenz eingestuft. Im 2-Parteien-System der USA, polarisieren die politischen Hauptunterschiede zwischen Republikanern und Demokraten schneller. Auch dort wird die Gefahr der gesellschaftlichen Spaltung diagnostiziert. Im Unterschied zur bundesrepublikanischen Spaltung geht dort der Spalt mitten durch die Gesellschaft. Im Fall der deutschen Gesellschaft spaltet die 'Vereinigte Mitte' ihre Ränder ab und kann diese in geeigneter Weise diskriminieren. Das geschieht nicht nur durch Kampfbegriffe wie 'Querdenker', 'Verschwörungstheoretiker', 'Putinfreunde', 'Schwurbler', 'Rechte', 'Antisemiten'. Die politischen und intellektuellen Repräsentanten dieser Ränder werden aus dem öffentlichen Raum gedrängt. Sie erscheinen nur noch in Zirkeln und im Internet, was im Ergebnis den öffentlichen, gemeinsamen Diskurs verengt und gleichzeitig Demokratiedefizite unbemerkt macht.

Der gesellschaftliche Diskurs muss also unbedingt auch eine gewisse Breite umfassen. Er muss Divergenzen aushalten, ohne auszugrenzen selbst, wenn keine Aussicht besteht, dass Vereinheitlichung stattfinden kann. Diese Diversität müssten in solchen Fällen auch die Medien ausdrücken. Als marktgetriebene Informationsproduzenten bedeutet das jedoch ökonomische Einschränkung.

Meinung und Orientierung

Vor einer Behandlung dieser wesentlichen Frage, inwieweit

Macht die Orientierung, d.h. die Handlungsfähigkeit einer Gesellschaft bestimmt bzw. bestimmen soll, will ich etwas weiter eingehen auf eine spezifische Mediennutzung, von der oben (s. Kapitel *Meinung und Orientierung*) bereits die Rede war. Dort ging es nur darum, Gründe zu nennen, weshalb eine Beschäftigung mit dem Thema 'Wie die Gesellschaft denkt und fühlt' durchaus relevant ist.

Es geht also noch einmal um die Funktion und Bedeutung von Meinungsumfragen, um die – wie ich behaupte – Selbstreflexion der Gesellschaft. Bereits oben hatte ich festgehalten, dass Meinungsumfragen zwei wesentliche Aufgaben oder Ziele verfolgen: Einerseits soll einer Öffentlichkeit widergespiegelt werden, was man in dieser oder einem bestimmten Ausschnitt dieser Öffentlichkeit zu einem abgegrenzten Thema denkt bzw. meint. Zugleich wird – schon durch die Fragestellung – und dann durch das Ergebnis, seiner gezielten Verbreitung und Interpretation für dieses Publikum eine Orientierung gegeben darüber, was gedacht wird, worin Mehrheiten, Minderheiten sich unterscheiden, so dass man sich selber zu- und einordnen kann bzw. wovon man sich abgrenzen sollte.

In und mit diesen beiden Zielen besteht immer das Moment der Manipulation. Das ist bekannt, meint aber immer die Manipulation der Individuen, der Bürgerinnen und Bürger. Das ist zutreffend, möglicherweise problematisch, hier ist es aber nicht Thema.

In dem hier entwickelten Zusammenhang geht es um die Formen des Denkens, der Reflexion und Selbstreflexion der Gesellschaft. So wie Individuen mit ihren bewussten und unbewussten Wahrnehmungs- und Denkprozessen, mit Ausblendungsfunktionen, und Vervollständigungsoperationen denken, so auch die Gesellschaft – jedoch mit anderen Formen und auf völlig anderer Qualitätsebene. Die Denkvorgänge der Gesellschaft gehorchen auch einem anderen Zeitrhythmus und die Frage der Macht, d.h. unter anderem der Meinungsmacht spielt eine völlig andere Rolle als etwa die Macht der 'Zwänge' und die 'Lust', die die Orientierung der Individuen anbahnen und formen.

Wie reguliert gesellschaftliche Macht ihre Orientierung?

Macht als abstrakter Begriff für die Machtverhältnisse und die Machtausübung in einer Gesellschaft ist immer gesellschaftlich. Selbst wenn es irgendwo einen Alleinherrscher gegeben haben sollte, dann beruhte dessen Macht auf realen Machtverhältnissen, Institutionen, Ressourcen, nicht zuletzt auf der Ressource Vertrauen, das ihm von einem relevanten Teil der Gesellschaft willentlich oder unwidersprochen eingeräumt wird. In jedem Fall ist die Machtausübung – in welcher Form auch immer - ein relevanter Bestandteil des gesellschaftlichen 'Fühlens' und 'Denkens'. Machtverhältnisse werden insbesondere von den Medien implizit berücksichtigt oder offen diskutiert. Es geht dabei um einen Prozess, der gerade in seiner Veränderung betrachtet werden muss. Bedingungen und Veränderungen der Machtausübung, des Machterhalts, seine Akzeptanz bzw. Duldung, Entwicklung von Hindernissen und Widerständen lassen sich in den genannten Bereichen Bildung und Medien am deutlichsten ablesen.

Eine Methode der Machtausübung besteht in der Art und Weise, wie allgemein anerkannte Werte und Anschauungen in der notwendigen Breite eingeführt, durchgesetzt und verankert werden. Auch hier geben Veränderungen im Bildungswesen (hier verzögert) und bei der Regulierung des Medienmarktes wichtige Hinweise für eine Analyse.

Mit der Formulierung Medienmarkt soll festgehalten werden, dass in unserer (kapitalistischen) Gesellschaft praktisch alle Lebensbereiche den Bedingungen und Veränderungen des Marktes ausgesetzt sind und Markt und Macht in einem komplexen Bedingungsfeld miteinander oder – seltener - gegeneinander operieren. Meine Behauptung ist die, dass in diesem Bedingungsfeld das gesellschaftliche Denken stattfindet.

Die Komplexität dieses Bedingungsgefüges ist kein Hindernis für eine Analyse. Genauso wie das komplexe Bedingungsgefüge für das individuelle Denken, Erinnern, Fühlen und Handeln untersucht wurde und wird und zu bedeutsamen Ergebnissen geführt hat, wäre das gesellschaftliche Denken zu erforschen. Entscheidend ist hier, dass ein deutlicher Unterschied zwischen beiden Ebenen gemacht werden muss. Ein Unterschied, der oft ignoriert wird, weil natürlich auch das individuelle Denken und Handeln von Macht und Markt bestimmt ist und es gleichzeitig vom gesellschaftlichen Denken in Form des ominösen Mainstreams beeinflusst wird.

Um diesen Unterschied, die qualitativ unterschiedlichen Ebenen deutlich zu machen, ist die dialektische Denkform[8] unerlässlich. Auch der Unterschied zwischen einzelnen Bäumen und einem Wald besteht nicht nur quantitativ, insofern ein Wald aus vielen Bäumen besteht. Ein Wald lebt und funktioniert nach völlig anderen, neuen, ökologischen Bedingungen und das dürfte auch jedem 'Nicht-Dialektiker' klar sein.

Diese Selbstverständlichkeit ist zumindest im öffentlichen Diskurs zu Medien nicht immer gegeben. In autoritär regierten Gesellschaften werden die öffentlichen, leicht verfügbaren Medien ohne Frage der Macht zugeordnet und diese Zuordnung ist auch den Individuen gegenwärtig. In Gesellschaftsformen des westlich-demokratischen Paradigmas ist diese Zuordnung, dem Verständnis nach, dem Individuum vorbehalten, trotz der Tatsache, dass es den meisten Menschen fast unmöglich ist, die Herkunft, die Relevanz und Aktualität der Medieninformationen zu ermitteln oder zu beurteilen. Die hohe Wertschätzung der abstrakten Pressefreiheit verdeckt die Entscheidungskriterien mit dem Ergebnis einer Desorientierung der Bürgerinnen.

---

[8] s. auch mein Essay: Dialektik: was - zum Teufel – ist das? Vom Denken lernen!
edietz.de/blog/wp-content/uploads/2021/06/Dialektik.pdf

Diese Desorientierung wurde nicht zuletzt in den Jahren 2021/22 der sog. Corona-Pandemie überdeutlich, nachdem praktisch alle Kanäle der klassischen Leitmedien für die Verkündung der politisch-medial sanktionierten Pandemieauffassung und vor allem Pandemiebekämpfung zur Verfügung standen und eine Minderheit z.T. persönlich in der Öffentlichkeit z.T. im Internet dagegen anrannte. Aufgrund der Formen dieser Auseinandersetzung kann man nicht mehr von Diskurs sprechen sondern einem informationellen Lagerkampf und da dieser nicht gleichgewichtig war, von Massenmanipulation.

Nach den bisher sehr abstrakten und allgemeinen Darstellungen des Denkprozesses von Gesellschaft am Beispiel Bildung, Medien, Politik wird es Zeit, dass konkret anhand anerkannter Werte und geltender Regeln die Wahrnehmungs- und Denkprozesse in unserer westlich-demokratischen Gesellschaft geprüft werden. Mit Letzterem eben nicht die Denk- und Orientierungsprozesse der Bürgerinnen und Bürger dieser Gesellschaft. Obwohl deren Leben und Denken auf vielerlei Weise mit dem der Gesellschaft verknüpft ist.

Nach der vorherrschenden, akzeptierten, politisch korrekten Auffassung bewirkt im politischen Raum ein System der 'Checks und Balances' die Machtausübung, also das Handeln der Gesellschaft. Die Voraussetzungen des Handelns bestehen jedoch in den Informationen, Bewertungen, Orientierungen – dem Denken der Gesellschaft. Und hier wird das Gelände zunehmend undurchsichtiger. Insbesondere hat die anhaltende neue Situation, mit der unsere Gesellschaft durch die sog. Corona-Pandemie konfrontiert wurde, deutlicher gemacht, welche Basisbedürfnisse, welche Handlungsnotwendigkeiten, welche strukturellen Unterschiede in der Bevölkerung nach bisherigen Kriterien zumindest überdacht werden müssten.

Die Auslegung und Verbreitung wissenschaftlicher Ergebnisse unterdrückten ihre inhärente Unsicherheit und Bedingtheit und verkündeten stattdessen eindeutige Wahrheiten. Politik versteckte sich hinter den Ausführungen wissenschaftlich agierender Institutionen. Medien folgten dem Prinzip, Politik zu erklären und Alternativen zu brandmarken. Die Gesellschaft spaltete ihre Randbereiche des Denkens ab, indem neue Kampfbegriffe die Grenzen des Denkbaren und Undenkbaren erkennbar machten. Letzteres besorgten abwertende, neu und gezielt eingesetzte Bezeichnungen als 'Kampfbegriffe'.

Eine der Definitionen von Kampfbegriff im Netz: "*Ein Reizwort, das die Gegner in der politischen, gesellschaftlichen oder gewerkschaftlichen Auseinandersetzung provozieren und die Zuhörer für den eigenen Standpunkt einnehmen soll*"

Der Begriff 'Kampfbegriff' ist gefühlt neueren Datums, zumindest, was seinen Gebrauch betrifft. Damit kennzeichnet er als solcher den Erregungszustand des gesellschaftlichen Diskurses und spielt im Rahmen unseres Gesamtthemas die Rolle eines Symptoms. Ein anderer Begriff, der durchaus nicht für Individuen angewendet wird und im 'Gefühlsleben' der Gesellschaft eine Rolle spielt, ist der Begriff des *'Wutbürgers'*.

Angesichts derartiger Symptome und Phänomene steht die Forderung nach Vielfalt und nach Demokratisierung der Medien im Raum. Anders als bei der Demokratisierung der Macht ist bei den 'Denkwerkzeugen' der Demokratie eine 'Balance of Power' kaum vorstellbar. Und selbst wenn man bei der 'hard power' die Einflusszonen mächtiger Verbände und das Wirken der Marktkräfte berücksichtigt, sind Kontrollmechanismen für 'soft power' kaum denkbar.

Manipulation als Machtausübung

Bevor an Kontrolle noch weiter gedacht werden soll, muss ich das, was bereits kontrolliert wird in seinem Umfang, seinen Methoden und Wirkungen kurz darstellen.

Propaganda und seine bekannten Formen

Hier kann ich mich kurz fassen, weil Propaganda, insbesondere seitens eines Staates, nicht nur gut bekannt ist, sondern weil seine Formen und Absichten im Allgemeinen gut bekannt sind und für Demokratien in übereinstimmender Form abgelehnt werden. Jede Bürgerin und jeder Bürger hat für sich eine Vorstellung davon, was Propaganda ist. Die Vorstellungen darüber – gerade in unseren Breitengraden – beziehen sich auf die historischen Erfahrungen unserer Gesellschaft mit den nationalsozialistischen und realsozialistischen Diktaturen in Deutschland. Die Schulbildung, soweit sie soziale und politische Inhalte betrifft, bezieht sich darauf. Wichtig für unseren Zusammenhang ist dabei eine übereinstimmende Charakterisierung.

Diese Charakterisierung besagt, dass die Bevölkerung, die der Propaganda ausgesetzt ist, durchaus sensibel genug ist, um festzustellen, was – etwa in den Medien – propagandistisch ist. Was also im Sinn der staatlichen Propaganda ist, insbesondere welche Aspekte, Sichtweisen, Meinungen von der Propaganda ausgeschlossen oder vermieden werden. Diese Charakterisierung impliziert, dass Bürgerinnen und Bürger erkennen, welche Begriffe und Sachverhalte – in moderner Sprechweise: welches 'Wording' vorgeschrieben oder welches 'Framing' eingehalten wird – bzw. nicht erscheinen soll. Nach dieser Einschätzung wird angenommen, die der Propaganda unterliegende Bevölkerung, zumindest in einer Mehrheit, kann diese Unterschiede des Gewollten und Nicht-Gewollten sensibel wahrnehmen.

Diese Fähigkeit der Bevölkerung, Propaganda als solche wahrnehmen zu können steht in einem gewissen Widerspruch zu dem unbestimmten Wissen bzw. der Meinung, dass Propaganda wirksam sein soll. Die vielfachen Hinweise darauf, wie die Goebbel'sche Propagandamaschine das deutsche Volk in seiner großen Mehrheit zu Anhängern der nationalsozialistischen Führung gemacht hat, unterstreichen immer diese Wirksamkeit. Andererseits wird die Propaganda der realsozialistischen Diktaturen als wenig wirksam geschildert. Man kann auch historisch feststellen, dass in diesen sozialistischen Diktaturen – mit ganz wenigen Ausnahmen und wenn, dann nur kurzzeitig (z.B. Kuba, Nicaragua, Venezuela, ...) - die jeweilige Führung nie eine relevante Mehrheit der Bevölkerung hinter sich gebracht hat. Das könnte man auf schlechte, primitive, unprofessionelle Propagandamethoden zurückführen.

Diese Begründung ist bei genauer Betrachtung der historischen Fälle kaum aufrecht zu halten. Denn in allen diesen Fällen hat sich Propaganda sehr ähnlich und professionell dargestellt. Sie bezog sich immer auf die sozial relevanten und merkbaren Leistungen eines Regimes, sie umfasste immer den kulturellen Raum und köderte die Eliten und prägte praktische und durchaus freiwillig verwendete eigene Begrifflichkeiten (Kraft durch Freude, Winterhilfswerk, Arbeitsfront, Lebensraum, Volksempfinden, judenfrei, Volksempfänger, Volkswagen etc. vs. Aufbau, sozialistischer Wettbewerb, Kombinat, LPG, Ferien- platz, Volkspolizei, Trabi, Jugendprojekt, internationale Solidarität, Volkssolidarität, etc.) Diese und ähnliche Begriffe verloren im Laufe der Zeit ihre propagandistische Herkunft.

Dieser Widerspruch zwischen sensibler Wahrnehmung und Ablehnung von Propaganda und einer zugestandenen Wirksamkeit wird uns noch an anderer Stelle beschäftigen. Soweit soll hier vorweg genommen werden: Die Wirksamkeit von Propaganda entscheidet sich an der Nahtstelle zwischen bewusster positiver Wahrnehmung und emotionaler Akzeptanz der wirkmächtigsten Bevölkerungsgruppe.

Manipulation in demokratisch strukturierten Gesellschaften

Ich will zunächst nicht erörtern, was ich unter demokratisch strukturierten Gesellschaften verstehe und nutze diese Begrifflichkeit im umgangssprachlichen Zusammenhang. Einem Zusammenhang, der einverständlich ein bestimmtes Wertemuster der politischen Grundstruktur von Nationen und Gesellschaften anspricht und relativ unkonkret die Werte

Freiheit, Demokratie und Menschenrechte in einem etwas verschwommenem Zusammenhang anklingen lässt.

Ich werde später begründen, dass diese Begrifflichkeit, die den so genannten westlichen Demokratien zugeordnet wird, selber und ursprünglich durch Manipulation entstanden ist. Dies bedeutet nicht, dass ihre Realität, ihr tatsächlicher Inhalt, ihre Bedeutung und Wirksamkeit schlecht ist oder irreal, erlogen. Letzteres trifft in gleicher Weise für die mit Propaganda entstandenen Begrifflichkeiten zu. Auch diese müssen nicht notwendiger Weise negativ sein, nur weil Propaganda generell abgelehnt wird.

Manipulation ist hingegen negativ konnotiert wie auch Gehirnwäsche und alle Methoden, mit denen nicht freiwillig durch bewusstes Denken Vorstellungen, Bilder, Begriffe und Sachzusammenhänge übernommen werden. Modern spricht man von Narrativen, also Erzählungen, durch die und in denen Vorstellungen, Bilder und Zusammenhänge eingebettet sind und zwar in einem Sinn gebenden Zusammenhang. Über die Funktion von *Narrativen* wird noch im zweiten Teil dieser Schrift ausführlicher die Rede sein.

Bevor noch Beispiele für gesellschaftliche Manipulation angeführt werden, möchte ich an genau dieser Stelle einen wirklichen Zusammenhang zwischen individuellem und gesellschaftlichem Denken hervorheben, der im vorangegangenen Satz bereits angeklungen ist. Sowohl im individuellen wie im gesellschaftlichen Denken werden die wirklichen Dinge, Strukturen und Verhältnisse in einen Sinn gebenden Zusammenhang gebracht und angeeignet. Der letzte Schritt – die Aneignung der Narrative – ist im individuellen und gesellschaftlichen Fall verschieden und in keiner Weise nur ähnlich. Ebenfalls sind selbstverständlich die individuellen und gesellschaftlichen Sinn gebenden Zusammenhänge deutlich verschieden. Damit ist ein wesentlicher Kern des Zusammenhangs und des Unterschieds zwischen individuellem und gesellschaftlichem Denken angedeutet.

Nehmen wir z.B. die Selbstwahrnehmung eines männlichen Bürgers in der Nachkriegszeit, der Zeit des Wirtschaftswunders und der beginnenden Prosperität. So ist diese geprägt von seinem familiären, schulischen, beruflichen Werdegang, von herausragenden persönlichen Episoden und Wendungen. Ein einzigartiges Individuum lebt in dieser Zeit und sieht sich einzigartig. Die Verteilung der verschieden individuellen Verläufe bei einer Bewertung erfolgreich/nicht erfolgreich ist breit gestreut.

Die gesellschaftliche Meinung über diese Gesellschaft, über diese Zeit, ist relativ homogen, geprägt vom Geist der Zeit, den politischen und wirtschaftlichen Bedingungen. Das Denken und Fühlen der Gesellschaft der Wirtschaftswunderzeit ist in diesem Sinn historisch konkret, einzigartig. In individueller Sicht wird davon seltener abgewichen. Die Sicht auf das eigene Leben wird natürlich eingebettet in das Fühlen und Denken der Gesellschaft. Steht zwar im Zusammenhang damit, ist jedoch gänzlich anders entstanden.

Weil diese Unterschiede sehr viel häufiger im medialen Umfeld und im Diskurs untergehen bzw. unterschlagen werden, ist es das Anliegen und Motiv dieses Textes, diese Unterschiede zu verdeutlichen, zu erklären, d.h. in das allgemeine Bewusstsein zu heben. Mit dem Begriff 'allgemeines Bewusstsein' wird bereits behauptet, dass es dieses gäbe. Und dass es – ähnlich wie beim Individuum – auch ein Unterbewusstsein oder Vorbewusstsein gibt. Hier sind also die Sprache und der Sprachgebrauch das Medium, durch das gesellschaftliche Realität quasi geschaffen wird.

Manipulation des großen Stils

Michael Lüders hat im ersten Teil seines Buchs 'Die scheinheilige Supermacht' (2021) am Beispiel denkwürdiger und auffälliger Wandlungen des öffentlichen Bewusstseins dargestellt wie die Protagonisten moderner Manipulation im politischen Raum vorgegangen sind. Lüders verfolgt die darauf aufbauenden

Manipulationen und stellt die wesentlichen Methoden ihres Erfolgs dar. Mit dem Konzept des 'Framing' (Deutungsrahmen), das selber aus der Psychotherapie-Schule des Neuro-Linquistischen Programmierens (NLP) hervorgegangen ist, werden in einer fein vorgegebenen Kaskadierung angesehene Protagonisten der Eliten, anerkannte gesellschaftliche Institutionen, Leitmedien mit dem abgestimmten 'Wording' überzogen solange bis eine Eigendynamik der Verbreitung stattfindet. Der entscheidende Inhalt des 'Framing' besteht in der Konzentration und Gewichtung emotional und moralisch eindeutiger Aussagen und Zuordnungen (gut-böse, sicher-gefährlich, bekannt-unbekannt, wissenschaftlich-verworren, scheinwissenschaftlich, etc.)

Die Beispiele und Methoden im Einzelnen müssen hier nicht aufgeführt werden, da das Buch von Michael Lüders sehr ausführlich die Praxis der Begründer Lippmann und Bernays schildert sowie die Funktionen bedeutender Institutionen 'Thinktanks' für 'Öffentlichkeitsarbeit', dem *Committee on Public Information* (CPI) wie auch des *Council on Foreign Relations (CFR)*

Zu den Mitbegründern des *CPI* wie auch des CFR gehörte Walter Lippmann (1889–1974), der als einer der einflussreichsten, wenn nicht der einflussreichste amerikanische Journalist des vorigen Jahrhunderts gilt (Lüders). Der zweite große Ideenlieferant für Propaganda und Öffentlichkeitsarbeit des vorigen Jahrhunderts, Edward Bernays wird bei Wikipedia so zitiert: "*Die bewusste und intelligente Manipulation der organisierten Gewohnheiten und Meinungen der Massen ist ein wichtiges Element in der demokratischen Gesellschaft. Wer die ungesehenen Gesellschaftsmechanismen manipuliert, bildet eine unsichtbare Regierung, welche die wahre Herrschermacht unseres Landes ist.*"

Auch Edward Bernays (1891–1995) arbeitete maßgelblich im CPI mit, insbesondere auch für die Öffentlichkeitsarbeit der Versailler Friedenskonferenz. Wikipedia: "*Ein Skandal entstand, als er in einer Presseverlautbarung das Wort Propaganda benutzte, das 'erklärte Ziel der entsendeten Arbeitsgruppe bestehe darin, die Arbeit der Pariser Friedenskonferenz zu interpretieren, um durch weltweite Propaganda amerikanische Erfolge und Ideale zu verbreiten."*

Propaganda und Manipulation öffentlicher Meinung werden inzwischen in vergleichbar negativer Bedeutung wahrgenommen. Der entscheidende Unterschied besteht darin, dass Propaganda sensibel wahrgenommen und damit eingeordnet werden kann während das Ergebnis der Manipulation unbemerkt bleibt. Erst durch journalistische Recherche, Quellenstudium und Vergleiche kann Manipulation aufgedeckt werden. Damit bleibt sie noch immer wirksam, weil ein gegenläufiger Aufklärungsprozess sich quasi dem Goliath der herrschenden Meinung entgegenstellen müsste.

Mit den Begriffen herrschende Meinung, Mainstream, Zeitgeist werden nicht vollständig deckungsgleiche Begriffe gemeint, doch in unserem Zusammenhang soll das keine Rolle spielen. Entscheidend ist, dass mit allen diesen Begriffen ausgedrückt wird, dass es zu relevanten Sachverhalten nicht nur eine quantitative Mehrheitsmeinung gibt, sondern auch eine Mehrheitsmeinung, die in gewisser Weise vorherrscht, also stärkeres Gewicht verkörpert. Wichtig ist die Formulierung 'relevanter Sachverhalt', denn Propaganda und Manipulation stehen vor folgenden Aufgaben:

- Als primäre Aufgabe ist zu definieren, was relevant sein muss.

- Dabei geht es in aller Regel um die Einengung einer Perspektive auf einen Sachverhalt.

- Letzteres i.S. einer Verdeutlichung des Sachverhalts hinsichtlich seiner emotionalen Wirksamkeit.

- der Zusammenhang mit bereits gefestigten Normen muss hergestellt werden, damit diese emotionale Wirksamkeit verstärkt wird.

- Die Beziehung zu diesen Normen kann positiv oder negativ sein. Sie muss aber konsistent diese Normen verstärken, damit der gerade definierte Sachverhalt 'richtig' – also in der beabsichtigten Weise - eingeordnet wird.

Bei der Aufdeckung von Manipulation geht es darum, sich die entsprechenden Fragen zu stellen:

- Welche Fragen stellen sich 'im Ganzen' bei einem Problem? Ist die beanspruchte Relevanz die entscheidende?

- Überstimmt das emotionale Element das rationale? Was macht die Botschaft aus mir?

- Entspricht die bei mir ausgelöste Emotion meinen Werten? Und sind diese Werte jetzt in Gefahr?

- Wie ordne ich die Botschaft in meine Welt ein? Welche Notwendigkeit meinerseits zwingt mich dazu?

Wir nähern uns damit wieder dem Thema der Meinungsumfragen und zugleich dem Einfluss der Massenmedien. Dabei ist eine interessante Verschiebung zu beobachten. Vor Jahren ging es vor allem darum, dass in Presse, Funk und Fernsehen als dem Äquivalent des Begriffs Massenmedien eine Vielfalt von Meinungen ausgedrückt werden sollte, wobei durchaus deutliche Mehrheiten einer einzigen Meinungsrichtung feststellbar waren. Nicht das einzelne Medium verkörperte in sich Meinungsvielfalt, wobei auch darauf Wert gelegt wurde. Sondern die Medien konnten deutliche Positionen auf beliebten Skalen wie links-rechts, fortschrittlich-konservativ, liberal-parteilich besetzen.

Im Verlauf der COVID19 Pandemie und der Maßnahmen gegen diese, änderte sich dies, soweit die Meinungen dieses Thema in ihren Zusammenhang brachten. Es schien übergeordnetes Ziel von Politik und Medien zu sein, dass unser aller Heil davon abhing, dass die Maßnahmen sinnvoll und notwendig waren. Dieser Trend bei diesem Thema veränderte aber auch die Vielfalt und Differenzen auf den anderen Themenfeldern. Die

Vielfalt auf den genannten 'Skalen' schrumpfte zusammen. Offensichtlich bewirkte dies ein Trend, ein Gefühl, dass dem massiven Angriff eines neuen, unheimlichen Gegners (des Virus) durch 'Zusammenrücken', was mit Solidarität verwechselt wurde, begegnet werden müsste.

Im Nachgang und Nachklang zur COVID19 Pandemie und den damals verhängten und verteidigten Maßnahmen gegen sie heißt es bei der Psychoanalytikerin Almuth Bruder-Bezzel „…Diese Herrschaftsmethode wird heute als „Nudging" bezeichnet, als eine subliminal wirkende emotionale Beeinflussung, die zum Handeln bewegt. Dabei wird so getan, als sei das was Neues, aber das ist nur alter Wein in neuen Schläuchen. Spätestens die Pioniere der modernen Massenkommunikation und Werbepsychologie der 20er Jahre haben dies schon praktiziert und ausgedrückt: So heißt es bei Walter Lippmann: Die Elite benutzt ihre Macht, „um die Öffentlichkeit… die Dinge so sehen zu lassen, wie sie es wünschten" (Lippmann 1922, S. 84). Und Edward Bernays sagt: „Wir werden von einer verborgenen Regierung regiert, der Volkswille wird geformt und kanalisiert" (Bernays 1928, S. 99). Und dies kann natürlich nur hinter unserem Rücken, ohne unser Bewusstsein geschehen…."[9]

Populismus

Nicht nur explizites Framing achtet auf die Begriffe, die eingebracht werden sollen, sondern laufend wird durch bestimmten Gebrauch und Gewohnheit faktisch Framing betrieben.

Ein beliebter Vorwurf, ein immer dem politischen Gegner unterstelltes Verhalten, ist der Vorwurf des Populismus. Gemeint ist damit "dem Volk nach dem Munde reden", ihm zu sagen, was es gerne hört, wohl wissend, dass Ziele nicht

---

[9] Bruder-Bezzel, Almuth, Was tun die Psychologen im Corona-Regime?, unveröffentliches Manuskript 15.10.22

erreichbar sind, Vorgehensweisen nicht anwendbar sind und alle Umstände dagegen sprechen.

In unserem Zusammenhang wäre Populismus eine Kommunikationsform, die das Publikum nicht ernst nimmt. Die bewusst oder unbewusst davon ausgeht, dass 'das Volk' etwas nicht versteht, verstehen kann und man deswegen mit 'bewegenden' Begriffen die Welt, um die es geht, so verstehbar macht, dass die 'richtigen' Motive getroffen werden und Verständnis leichter fällt.

Andererseits muss das Publikum auch motiviert werden – wieder in völliger Analogie zum Erziehungsprozess. Die Menschen motivieren, ihnen Utopien anzudeuten, ihren Willen für Veränderungen aufzurufen, ihnen Mut zu machen, sind legitime Formen und Inhalte der gesellschaftlichen Diskussion. In diesen Fällen von Populismus zu sprechen, wäre falsch und auch schädlich. Eine Regierung, die ständig 'nur auf Sicht fährt', die Probleme nicht anpackt, sie umgeht und ferner liegende, neue Probleme stillschweigend dafür in Kauf nimmt, eine solche Regierung baut auf Dauer ebenfalls Vertrauen ab.

Wir erkennen, was wir schon immer wussten: die Grenzen zwischen Populismus und Motivation, zwischen Angstmache und Warnungen, zwischen Tatkraft und Aktionismus sind fließend. Und weiter wird erkennbar: eine liberal-demokratische Gesellschaft existiert nicht, weil es in einer Verfassung steht, sondern weil ein labiles, immer gefährdetes Verhältnis von Verständnis, von Kritik und Unterstützung, von Realismus und Vertrauen im Laufe einer Zeit zwischen Gesellschaft und ihrer Führung entwickelt und gelebt werden konnte. Ein derartiger Lebens- und Erfahrungsprozess ist nicht formal übertragbar. Er kann auch anderen Gesellschaften nicht als 'besser' empfohlen werden. Denn unter völlig anderen Bedingungen und historischer Erfahrung basieren auch diktatorische und autokratische Gesellschaften auf Vertrauen und Kommunikation. Dass eine diktatorische Regierung einem demokratisch gesinnten Volk gegenüber stünde, ist vielfach nur

Wunschdenken.

Der Populismusvorwurf wird gerne und überwiegend gegen entfernter liegende Meinungen ausgesprochen, gegen Extreme, die selber völlig verschieden und unvereinbar sein können, um damit die Mitte der Meinungen als legitim, realistisch und moderat zu propagieren. Damit wird 'Populismus' zum Kampfbegriff[10].

In der bundesrepublikanischen Öffentlichkeit wird konkret über den Populismus von Rechts und Links gemeinsam hergezogen. Absichtlich müssen dann konsequenter Weise unterschiedliche Begründungen der extremen Meinungen ausgeblendet werden. Wenn also z.B. Linke wie Rechte eine militärische Aufrüstung der EU verhindern wollen, wird unterschlagen, dass die Linke dies aus friedenspolitischer Verantwortung ablehnt und die Rechte dies ablehnt, weil Deutschland seine nationalen Rechte und militärische Stärke nicht geltend machen kann.

Tendenziell ist seit längerem in der Bundesrepublik die Betonung der Mitte als das Maß für Rechtmäßigkeit, Augenmaß und Realismus, das extreme Meinungen als unrealistisch, gefährlich an den Rand drängt, die vorherrschende Form des Populismus. Dieser appelliert an das 'dem Volk', dem 'Normalverbraucher' schon immer eher gelegene 'Normale' – eine gewöhnliche Form des 'Nicht-ernst-nehmens' und kennzeichnet die Bereitschaft, den Diskurs zu behindern.

Heute, im Zeitalter des Internet 2.0, sind die Quellen der Meinungsäußerung, der Informationsquellen und ihrer zeitlich präsenten Dichte so verstärkt, dass - wie etwa mit dem Begriff 'Fake News' - die Unsicherheit der Informationen und die Begründung von Meinungen stärker in den Fokus geraten. Auch Vorwürfe wie 'Lügenpresse' und 'Mainstream-Medien' wirken zunehmend dahin gehend, dass Begründung und Herkunft von Informationen und Meinungen stärker beachtet werden. Damit einher geht eine verstärkte Begründung durch

---

[10] s. Definitionen von Kampfbegriff

'wissenschaftliche' Aussagen und 'faktenbasierte' Meinung, was die Meinungsführerschaft der Wissenschaft hervorhebt und gleichzeitig unterschlägt, dass Wissenschaft selber im Meinungsstreit steht und sozusagen 'richtige' Aussagen und Meinungen fast beliebig durch 'wissenschaftlich erhärtete' andere Meinungen entkräftet werden können.

Politisches Handeln wird durch wissenschaftliche Expertise begründet. Mit Experten, die teilweise als Wissenschaftler direkt politisches Handeln propagieren. Die Aussagen der schon immer tätigen wissenschaftlichen Dienste der Parlamente gewinnen an Bedeutung. Ähnlich wie die der 'freien' Institute, der Großforschungsinstitute und 'Denkfabriken', die am laufenden Band wissenschaftliche Studien veröffentlichen, die durch den Wissenschaftsjournalismus popularisiert und verbreitet werden.

Wissenschaft

Mit Wissenschaft hatten wir uns bereits eingangs befasst, als es darum ging, mit einem möglichst konkreten, bekannten und sehr umfassenden Beispiel zu umreißen, was man sich unter gesellschaftlichem Denken vorstellen kann.

Die Begriffsklärung zwischen Wissenschaft als Institution, als Betrieb und Geltungsmacht hatten wir dort deutlich gemacht . Wir hatten zwischen dem Begriff mit dieser Bedeutung und seiner Bedeutung als der Sache, der sich die Wissenschaftlerinnen und Wissenschaftler widmen, unterschieden. Und weiter hatten wir anhand einer Grobeinteilung ihre Entwicklung angerissen.

Wissenschaft wird historisch noch nicht so lange als Goldstandard menschlicher Erkenntnis gehandelt. Mit ihrer Aufwertung und dem Anspruch, Tatsachen, Realität und damit Wahrheiten zu vermitteln, tritt die Überzeugungskraft der Politik und der Personen, die sie vertreten, zurück und auch ein Stück weit deren Verantwortung.

In jedem Fall ist die Bedeutung der Wissenschaft für die Entwicklung und Formierung gesellschaftlichen Denkens gewachsen. Es wird unausweichlich, einen Blick darauf zu werfen, wie Wissenschaft, so wie sie sich selber im Prozess der Gewinnung neuer, tieferer und damit besserer Erkenntnis sieht und wie sie wahrgenommen wird und funktional genutzt wird.

Wissenschaft aus der Eigensicht

Es ist keine Frage, dass die moderne Wissenschaft seit ihrer Entwicklung mit den Ideen und Werten der Aufklärung, aufgrund ihrer Leistungen im Prozess der Industrialisierung, mit der Internationalisierung ihrer Netzwerke und Schulen, dem Konkurrenzkampf um Spitzenplätze und öffentliche Forschungsgelder und der Privatisierung durch Konzerne und internationales Patentrecht einem stetigen Wandel unterzogen war.

Dieser Wandel war nicht lediglich ein quantitativer. Die Gegenstandsbereiche und Themen wissenschaftlicher Untersuchungen haben sich enorm ausgeweitet und desgleichen die Frage, welche Methoden im weiteren Sinn zu Methoden wissenschaftlicher Erkenntnis gezählt werden dürfen. Als Beispiel hierzu sei nur erwähnt, in welchem Ausmaß Modellbildung und ihre Ausweitung mit der Verfügung über Rechnerkapazitäten zugenommen hat, wenn es darum geht Prognosen zu stellen und Theorien in Form von Modellen und den vielfältigen Möglichkeiten ihrer 'durchgerechneten' Ergebnisse zu 'verifizieren'. Verifizierung ist hier zu verstehen i.S.v. Relevanz und Geltung von Theorien zu untermauern.

Entscheidend für diesen Wandel war im gleichen Maß die Ausweitung der Praxisfelder, in denen Wissenschaft angewendet wurde und in denen neue Fragen entstanden und bearbeitet werden mussten. Genforschung, Microbiologie, Bionik, Nanotechnologie, Robotik, Neuronale Netzwerke, mRNA-Impfstoffe, Quantencomputer, Künstliche Intelligenz,…

Im Vergleich mit diesen – immer schneller verlaufenden – Prozessen der Ausweitung und Veränderung des Wissenschaftsbetriebs ist das Allgemeinverständnis dessen, was Wissenschaft eigentlich ist, zurück geblieben. Letzteres zum Teil auch bei den Experten, den Wissenschaftlern selber. Nach wie vor wird Wissenschaft mit den Eigenschaften, frei, unabhängig, rational, methodensicher verbunden und ihre Ergebnisse – wie oben ausgeführt - genießen hohen Stellenwert.

Dieser Widerspruch zwischen der Wirklichkeit des Wissenschaftsbetriebs und seiner althergebrachten Wertschätzung wird im Diskurs gern verdeckt, indem zwischen Wissenschaft und der wissenschaftlichen Tätigkeit der Wissenschaftlerinnen auch sprachlich nicht unterschieden wird bzw. mäandert wird. Es handelt sich um dieselbe Ungenauigkeit wenn zwischen individuellem Wissen und Denken und gesellschaftlichem Wissen und Denken die Unterschiede verschwimmen oder gar geleugnet werden. Es ist jeweils in beiden Fällen auch nicht die bloße Summe der individuellen Fähigkeiten, die zum Gesamtphänomen beitragen. Sondern neue Qualitäten, Strukturen und Zusammenhänge entstehen beim Übergang vom Einzelfall zum gesellschaftlichen Ganzen.

Im realen Wissenschaftsbetrieb geht es überhaupt nicht um die Frage, wie man methodisch korrekt wissenschaftliche Ergebnisse erzeugt. Es geht vor allem um die Frage der Ausbildung und Praxis der Wissenschaftlerinnen und um den Output, der überhaupt das Labor, die Bibliothek, das Arbeitszimmer verlässt. In beiden Fällen sind Wissenschaftskriterien kaum gefragt. Sie sind auch nur als Stichwortgeber gefragt, wenn es um umstrittene Ressourcen und Einflusskanäle geht. Es genügt ein Blick auf das Bedeutungswachstum der Thinktanks, der Stiftungen der politischen Parteien, der Großforschungsinstitute, ja selbst des Wissenschaftsdienstes der Parlamente, um das zu erkennen.

Für Ausbildung und Praxis ist – zumindest in den Lebend- und

Gesellschaftswissenschaften, also auch der Medizin die Verteilung der 'Schulen und Lehrmeinungen' über die Wissenschaftsinstitute ein Faktor, der z.B. die Vertretung 'abgelegener', ökonomisch irrelevanter, umkämpfter Studiengebiete bestimmt. Ein bedeutendes Beispiel dafür, wie die Vielfalt von Lehrmeinungen durch eine dominante Richtung in der Frage der Vertretung an Universitäten ersetzt wurde kennt man bei den Wirtschaftswissenschaften. Dort wurden im Laufe von mehr als 20 Jahren sehr unterschiedliche Lehrmeinungen, die z.B dem Keynesianismus zugerechnet werden durch neoliberale Lehrmeinungen ersetzt[11]. Die Abwicklung kritischer und marxistischer Disziplinen sei nur am Rande erwähnt.

In der wissenschaftlichen Ausbildung von Medizinerinnen sind kaum komplementäre und psychosoziale Themen und Richtungen vertreten. Überhaupt steht der reine Anteil (ungeachtet des größeren finanziellen Anteils) der naturwissenschaftlich-technischen Disziplinen im Verhältnis zu sozialwissenschaftlichen Themen völlig konträr zu den anstehenden gesellschaftlichen und planetaren Problemen. Deswegen ist es auch nicht verwunderlich, dass gegen die Folgen der zu erwartenden klimatischen und ökologischen Katastrophen im Wesentlichen technische Lösungen Vorrang haben. Andererseits kann niemand bestreiten, dass diese kommenden Katastrophen gesellschaftlich-ökonomische Ursachen haben.

Soweit zur Ausgangslage des Wissenschaftsbetriebs. Genau so bzw. entsprechend ist der Output dieses Betriebs nicht durch wissenschaftliche Kriterien gesteuert, sondern durch die staatlichen und privaten Initiativen und Förderungen, durch das internationale Urheberrecht und dessen ökonomischen Zwängen. Der Einfluss, den die zentralen Wissenschaftspublikationen auf den Output haben bleibt hier

---

[11] Mirowski, Philip,Untote leben länger, Warum der Neoliberalismus nach der Krise noch stärker ist. Berlin 2015

zunächst unbeachtet, obwohl dessen Bedeutung durchaus diskutiert und kritisiert wird.

Wissenschaft und Macht

Aus diesen genannten Gründen kann Wissenschaft als gesellschaftliche Produktivkraft charakterisiert werden, die wie auch die anderen Produktivkräfte der Gesellschaft den Mächten der Verfügung über Grund und Boden, über Rohstoffressourcen, Infrastruktur und Medien unterliegen.

Mit der Wissenschaft steht das Bildungssystem in einem langfristigen Zusammenhang wie auch – jedoch in anderer Weise - mit den Medien, die der Wissenschaftsjournalismus beliefert. Wissenschaft als frei, objektiv und unabhängig zu bewerten, entspricht also nicht den Tatsachen. Vielmehr unterliegt Wissenschaft, die ich als eine bedeutende Komponente gesellschaftlichen Wissens und Denkens benannt habe, in derselben Weise den gesellschaftlichen Gefüge- und Machtstrukturen wie Wirtschaft, Politik, Bildung und Information und deren Institutionen.

Indirekt wird dieser Zusammenhang auch eingeräumt immer dann, wenn von der Verantwortung der Wissenschaftlerinnen die Rede ist. Damit wird wieder auf die individuelle Ebene und auf eine moralische Kategorie verwiesen, was den gesellschaftlichen Zusammenhang tendenziell ausblendet. Das erzeugt die Illusion, dass es möglich wäre, wenn die Mehrheit der gesellschaftlichen Individuen nur bestimmte Werte und Ziele vertreten, die Gefüge- und Machtstrukturen der Gesellschaft zu gestalten. An dieser Stelle zeigt sich die Bedeutung der soziologischen Umfragen, mit denen immer wieder festgestellt wird, in welchem quantitativen Ausmaß die jeweils gemeinten Bevölkerungsschichten mit 'gegebenen' Meinungen übereinstimmen.

Wissenschaftliche Revolutionen

Denken – und erst recht wissenschaftliches Denken - entwickelt sich nicht gleichförmig. Selbst eine ständige 'Verbesserung', also hier der so genannte wissenschaftliche Fortschritt weist Brüche auf. Ein gern gewähltes historisches Beispiel ist die Wissenschaft der Astronomie. Diese war lange vor den Erkenntnissen von Galilei und Kepler auf einem Stand gewesen, Navigation auf See zu ermöglichen, die Jahreszeiten und Feiertage zu berechnen und die Sternbewegungen am Firmament vorher zu sagen. Die Erkenntnisrevolution, die durch Galilei und Kepler eingeleitet wurde, bestand im Denken einer völlig neuen Perspektive, dem völlig neuen Ansatz, dem Gedanken eines heliozentrischen Systems der Sterne statt der Komplexität der Sternbewegungen auf dem mit der Erde verbundenen Firmament. Ähnliche 'Denkrevolutionen' erlebte die Menschheit mit der Neufassung der Mechanik durch Newton, dem Materiebegriff durch die Setzungen des Periodensystems der Elemente oder den Modellen der Atomphysik, der Thermodynamik und den Theorien elektrodynamischer Wellen und Felder.

Revolutionen gab es nicht nur auf originär naturwissenschaftlichem Gebiet. Mit Erkenntnissen über die Zellen lebender Systeme, 'Entdeckung' des Blutkreislaufs deute ich nur an, dass alle wissenschaftlichen Bereiche von Revolutionen erschüttert wurden. Mit den Worten Perspektive, Sichtweisen, Modelle, Theorien deute ich an, dass es immer um ein 'Umdenken' ging. Alte Denkweisen wurden falsch oder obsolet und das betraf die ganze Gesellschaft, nicht nur ihr Denken. Ich verweise damit auf die Erkenntnisse des ersten Protagonisten dieser Sichtweise, T.S.Kuhn[12]. Diese Revolutionen hatten erhebliche soziale Auswirkungen.

In großartig, eindrücklicher Weise hat Brecht in seinem 'Leben

---

[12] Kuhn, Thomas S., Die Struktur wissenschaftlicher Revolutionen. Suhrkamp 1976.

des Galilei' dies verdeutlicht, wenn der kleine Mönch Galilei doch bittet, seine zweifellos richtigen Erkenntnisse der Welt **nicht** mitzuteilen, weil nicht nur seine Eltern als Bauern daran und an den Folgen des neuen Weltbildes zerbrechen könnten.[13]

Die gesellschaftliche Aneignung dieser neuen Perspektiven und Erkenntnisse erfolgt langsam und setzt sich im zeitlichen Ablauf eines oder mehrerer Generationenwechsel durch. Es hängt zusammen mit der Durchdringung dieses Wissens in den verfügbaren Medien und in das Bildungssystem. Erst damit gewinnt dieses Wissen die Festigkeit und die Bedeutung, die es dann den Individuen sehr schwer macht, 'quer' dazu zu denken. Gleichwohl entstand das jeweils neue Wissen sehr oft in den Köpfen von 'Querdenkern'.

Thinktanks

Thinktanks und Großforschungseinrichtungen bezeichnen sich selber als Institutionen der Wissenschaft. Bei Wikipedia heißt es: Als Denkfabrik/Thinktank

"... werden Institute bezeichnet, die durch Erforschung, Entwicklung und Bewertung-von politischen, sozialen und wirtschaftlichen Konzepten und Strategien Einfluss auf die öffentliche Meinungsbildung nehmen und sie so im Sinne von Politikberatung fördern...."

Das **NIRA** World Directory of Think Tanks zählt für Deutschland allein 21 Thinktanks auf.

In der Selbstdarstellung der bedeutenden DGAP heißt es zum Beispiel:

"Die Deutsche Gesellschaft für Auswärtige Politik [DGAP d.A.] engagiert sich für eine nachhaltige deutsche und europäische Außen- und Sicherheitspolitik, die auf Demokratie, Frieden und Rechtsstaatlichkeit ausgerichtet ist. Die 1955 gegründete

---

[13] Bertolt Brecht, Leben des Galilei, Suhrkampt 1962, 8. Aufzug, S. 90

Organisation ist parteipolitisch unabhängig und prägt als Forschungs- und Mitgliederorganisation die außenpolitische Debatte in Deutschland.

Expertinnen und Experten der DGAP beraten Verantwortliche in Politik, Wirtschaft und Zivilgesellschaft auf der Basis ihrer außenpolitischen Forschungsarbeit und bilden künftige Entscheiderinnen und Entscheider in internationalen Leadership-Programmen aus.

Mit ihrer Arbeit verfolgt die DGAP das Ziel, fundierte außenpolitische Entscheidungen zu ermöglichen die informierte außenpolitische Debatte in Deutschland zu fördern die außenpolitische Kompetenz in Deutschland weiterzuentwickeln"[14]

In der Eigendarstellung der DGAP lt. NIRA wird zusätzlich erläutert:

"... Zu diesem Zweck betreibt die DGAP praxisorientierte politikwissenschaftliche Forschung...."[15]

Bei der bekannten Bertelsmann Stiftung heißt es:

"Mit ihren Projekten, Studien und Veranstaltungen regt die Bertelsmann Stiftung Debatten an und gibt Impulse für gesellschaftliche Veränderungen. Gemeinnützige Arbeit und nachhaltige Wirkung sind die Grundlagen ihres Handelns. Die Initiativen der Stiftung zeigen nicht nur Lösungen auf, sondern schaffen empirisch gestützte Orientierung in einer breiten Öffentlichkeit."

Stellt man Recherchen nur über deutsche Thinktanks an, wird man erschlagen von den Budgets, der Manpower, den Stand-orten und Netzwerken, den diese Institutionen verkörpern. Es

---

[14] https://dgap.org/de/ueber-uns (3.11.2022)
[15]
https://web.archive.org/web/20070724001816/http://www.dgap.org/dgap/ueberuns/ (3.11.22)

stellen sich nur zwei Fragen: Wie einheitlich fällt diese Beratungstätigkeit aus? Und wie ist ihre Interessengebundenheit?

Ein Blick in die Presse, für die eine Einheitlichkeit bereits über ihre Abhängigkeit von wenigen Pressediensten hergestellt wird, ist ernüchternd. Medien nutzen die Ergebnisse dieser Thinktanks als wissenschaftlich begründete, was durchaus nicht falsch ist, was deren Forschungsmethoden betrifft. Wird jedoch der Begriff 'wissenschaftlich' im Sinne von zweifelsfrei gedacht – und das ist im Allgemeinen, also im gesellschaftlichen, üblichen Denken der Fall – dann wird auch damit das Tor zur Manipulation aufgestoßen.

Denken und Handeln der Gesellschaft

Ich fasse zusammen:

jenseits der individuellen Wahrnehmung, der emotionalen und intellektuellen Verarbeitung der einzelnen Menschen in ihren jeweiligen gesellschaftlichen, milieuabhängigen Denkräumen, ihrer persönlichen Erfahrungswelt, ihrer emotionalen Verfassung und ihren vorrangigen Handlungsnotwendigkeiten gibt es weite Bereiche des gesellschaftlichen Bewusstseins, die sich nach anderen Dynamiken formen, die davon weitgehend unabhängig sind.

Dazu gehören die großen Bereiche des Bildungssystems, des wissenschaftlichen Betriebs, der informationellen Kanäle und der medialen Präsenz, um nur die wichtigsten zu nennen. Alle diese Bereiche werden von den vorherrschenden Machtstrukturen, Institutionen dieser Machtstrukturen und den aktuellen und kurzfristigen gesellschaftlichen Handlungsnotwendigkeiten (Politik) gestaltet oder beziehen sich auf diese.

Nur in diesem Rahmen und unter diesen Bedingungen entwickeln sich die unterschiedlichen individuellen Wahrnehmungs-, Denk- und Handlungsmuster. Das Verhältnis von individuellem zu gesellschaftlichem Bewusstsein ist ungleich gewichtet. Es existiert eine Dominanz bzw. Hegemonie des gesellschaftlichen Bewusstseins über dem des individuellen.

Deutlicher wird diese Hegemonie, wenn sie in der Tiefe und Breite an Einfluss verliert und ihre Akzeptanz schwindet. Das Ausmaß öffentlichen Protests gegen die Hegemonie des herrschaftlich konformen Denkraumes ist in liberalen Systemen in gleicher Weise wie in autoritären ein Gradmesser dieser Akzeptanz. Auch wenn öffentlicher Protest in Diktaturen polizeilich unterdrückt wird, ist jedes System gezwungen, auf schwindende Akzeptanz seiner Hegemonie des gesellschaftlichen Denkraumes zu reagieren.

Um diese Hegemonie aufrecht zu halten, setzt die Gesellschaft unterschiedliche Mittel ein, je nachdem sie eher demokratisch oder stärker autoritär strukturiert ist. So unterschiedlich diese Mittel sein mögen, immer sind es Bildung, Wissenschaft, Informationskanäle und Medien und die sie tragenden Institutionen, mit denen das gesellschaftliche Bewusstsein geformt ('geframed') wird. Dabei spielen prominente Personen in den genannten Bereichen und Institutionen eine gewisse Rolle. Sie vermitteln den Individuen auf ihrer persönlichen Ebene, die nicht allein durch Ratio, sondern durch Statusnähe, Gegnerschaft, Anerkennung, Vertrauen, Respekt, Sympathie gesteuert wird, ihren Modus der Übernahme, Akzeptanz oder Ablehnung gesellschaftlichen Denkens und Fühlens.

In dem Maß, in dem die elementaren, reproduktiven Notwendigkeiten einer Gesellschaft gesichert sind und für den Zeitraum einer und einer abzusehenden weiteren Generation gesichert scheinen, gewinnen die informationellen, ideologischen, bewusstseinsbestimmenden Mittel der Herrschaftssicherung eine größere Rolle. Damit gewinnen gesellschaftliche Eliten, die die fortgeschrittensten Entwicklungsmöglichkeiten hinsichtlich Bildung, Wissenschaftsverständnis, Informations- und Mediennutzung realisieren konnten, an Bedeutung und sind wichtigste Ressource der Hegemoniesicherung. Dialektisch gesehen, stellen sie mit dieser Bedeutung einen selbständigen

Machtfaktor dar, der prinzipiell die herrschende, substantielle Macht gefährden kann. Die Lösung dieses Widerspruchs aus Sicht der Macht besteht darin, mehrheitlich die Eliten für sich durch Privilegien einzubinden. Relativ unabhängig vom Grad der Demokratisierung einer Gesellschaft besteht dieses dynamische Verhältnis für autoritäre und liberale Gesellschaften in gleicher Weise.

Eine andere Perspektive ist nötig

Meine bisherige Analyse und Darstellung bezieht sich weitgehend und in nahe liegender Weise auf meine Perspektive, die das gesellschaftliche Denken des europäisch-westlichen Diskurses widerspiegelt. Selbst die Kenntnisnahme anderer, fremder Perspektiven kann das nicht ändern. Trotzdem ist das Studium fremder Perspektiven wichtig, um die Absolutheit und den Wahrheitsanspruch, die Realitätsnähe und Reichweite der Analyse zu relativieren. Hilfreich ist es – und das ist nur ein Beispiel – die Geschichte und Philosophien einer fremden Kultur zu studieren. Ich verweise nur auf das Buch von Wolfgang Bauer, der über die chinesische Philosophie mit ihren jahrhunderte langen Entwicklungs- und Wirkungsweisen eindrücklich die damit zusammenhängenden Bewusstseins- stände und Denksysteme der chinesischen Gesellschaft be- schreibt[16].

Bauers Ausführungen machen deutlich, dass die elementaren Lebensverhältnisse und –Bedürfnisse, dass sprachlich- schriftliche Voraussetzungen, geographische und soziale Besonderheiten, wie die Bedeutung der Familie, der gesellschaftlichen Hierarchien und der Zustand der Macht ausübenden Schichten das gesellschaftliche Denken prägen.

Derart allgemein ausgedrückt, ist das nicht verschieden von den Faktoren, die wir im westlichen Denken ebenfalls als wirksam erkennen. Aber in ihrer Spezifik führen sie doch zu sehr

---

[16] Bauer, Wolfgang, Geschichte der chinesischen Philosophie, 2001

unterschiedlichen Formen und uns sehr ungewohnten Formen des resultierenden Denkens und damit auch einer sehr unterschiedlichen Historie und gesamtgesellschaftlich sehr unterschiedlichen Lebensweise.

Der Aufschwung der Anthropologie und Ethnologie, nachdem diese Disziplinen sich zunächst vom kolonialen-rassistischen Blick und einem Eurozentrismus befreien mussten, zeigt ebenfalls, wie wichtig der Vergleich mit anderen Gesellschaften für unsere westlich geprägten Gesellschaften ist, wenn er auf Augenhöhe geführt wird.

Ich verweise damit auf die Veröffentlichungen von David Graeber, Edward Said und wiederum auf Pierre Bourdieu und anderen. Bei den namentlich genannten handelt es sich nicht zufällig um Personen und Wissenschaftler, die allein schon aus ihrer abweichenden Lebenssituation heraus und weil sie 'nicht vom Fach' waren, in Widerspruch zum gesellschaftlichen und wissenschaftlichen Mainstream gerieten. Sie waren in ihrer Verfasstheit geeignet, auch kritische, neue Blicke auf unsere Gesellschaften zu werfen.

Die politisch-ideologischen Implikationen dieser Philosophien des Poststrukturalismus und des Konstruktivismus kann man durchaus kritisieren[17]. Ihr neuer Blick und die andere Perspektive waren und bleiben ein Gewinn.

Damit ist auch für individuelles Denken gesagt: die Lebenssituation, die durch das Milieu entsteht und geprägt wird, formt auch die Perspektive, mit der man sich die Welt erklärt. Das Klassenbewusstsein im Marx'schen Sinn spielte dabei eine herausragende Rolle.

Klassenbewusstsein

Dieser Begriff ist schon sehr alt. Er hat die Denk- und Handlungsweise der Arbeiterbewegung von Anfang an geprägt,

---

[17] z.B. in Neiman, Susan Links ≠ woke, Hanser 2023

bewegt, gespalten. Durch seine lange Geschichte und die Assoziationen der verschiedensten Parteien, Gesellschaftsgruppen, durch seine Bedeutung und Bekämpfung ist es ein Begriff geworden, der unbedingt in einer Diskussion über gesellschaftliches Denken Platz finden muss.

Zunächst steht allein das Wort dafür, dass es gesellschaftliches Denken, ein Bewusstsein, ein Bewusst-Werden gibt, das auch Gegner nicht einfach zurückweisen können. Gegner des Begriffs lehnen den Begriff i.d.R. ab – nicht weil es derartiges nicht gäbe – sondern weil sie seine Begründung, seine Wirkung, seine Spezifik für eine Klasse, selbst wenn man seine ursprüngliche Definition hinnimmt, nicht akzeptieren können.

Befreit man den Begriff für einen Moment von seinen politischen und wissenschaftlichen Wurzeln, dann wird darunter sichtbar, was für die meisten Menschen pure Erfahrung darstellt. Die Erfahrung, dass Menschen aus derselben gesellschaftlichen Schicht oder demselben Milieu durchaus in Sprache, Gewohnheit, in ihrer Präsenz, in Modestilen, Erziehungsfragen, aber natürlich auch in politischen Ansichten und Perspektiven deutliche Übereinstimmungen zeigen und dies wieder deutlich in Abhebung zu anderen Schichten und Milieus.

Ohne tiefere Diskussion werden Begriffe wie Intelligenz, politische Elite, Politikerkaste, Bildungsbürger, bildungsferne Schichten, Geldadel, Neureiche, … genutzt, um Vorstellungen aufzurufen, die weder Erklärung noch Rechtfertigung erfordern. Es gibt also eine Erfahrung und ein unausgesprochenes Einverständnis, dass Menschen einer gewissen 'Klasse', einer unbestimmten Untergruppe der Gesellschaft auch in einem gewissen Rahmen und Umfang in ihrem Denken und 'So-Sein' übereinstimmen, also 'klassifiziert' werden können. Die begriffliche Kennzeichnung der jeweiligen 'Klasse' ist allerdings nicht zufällig erfolgt. z.T. werden eingängige Begriffe der Soziologie durch die Medien popularisiert, z.T. entstehen die Begriffe in abgrenzender, oft herabsetzender Weise für Gruppen, denen man sich nicht selber zugehörig weiß. Auch die eigentliche Gruppenbildung und Gruppenzuordnung hat konkrete Ursachen. Sie beginnt bei der unterschiedlichen Bewertung der Berufe und gesellschaftlichen Funktionen, die ebenfalls nicht zufällig von bestimmten Schichten besetzt werden und sie kann enden an den Spalten und Abbrüchen der Gesellschaft, wenn deren lebendiger und lebensnotwendiger Zusammenhang unterminiert wird.

Die Themen Klassenanalyse und gesellschaftliche Schichtung bleiben ein heißes Thema, das die Gesellschaften betrifft, die noch darum kämpfen, ihre Gräben und Bruchflächen unter Kontrolle zu bringen. Zum gegenwärtigen Zeitpunkt spielen sie in der Bundesrepublik keine bedeutende Rolle, obwohl der Spalt zwischen Arm und Reich in sehr kurzer Zeit unübersehbar geöffnet wurde und sich immer weiter öffnet. Gleichzeitig mit dem reduzierten Interesse an Klassenanalyse wächst die Bedeutung der unterschiedlichen Interessen der verschiedenen Altersklassen. Diese Interessen sind zweifelsohne sichtbar im Leben, Denken und Handeln 'der Jugend', der 'arbeitenden Bevölkerung', der 'älteren Generationen'.

Auch wenn man sich davor hüten muss, die unterschiedlichen Interessen der großen, deutlich zu unterscheidenden Altersgruppen der Gesellschaft gegeneinander in Stellung zu bringen, muss man sich darüber im Klaren sein, welche notwendig zu akzeptierende Interessen einer jeweiligen Generation Vorrang genießen sollen und müssen. Ein Gesellschaftsbild, das sich auf Individualismus gründet, kann niemals zu dieser Klarheit beitragen. Das bedeutet, dass sich das gesellschaftliche Denken zwischen selbstreflektorischer Innensicht und relativierend-vergleichender Außensicht auf andere Gesellschaften bewegen muss. Es ist eine Ebene, ein Denken und Handeln, das selbstverständlich in den wichtigsten Aspekten allen Individuen der Gesellschaft verständlich sein muss und dennoch von Zeit zu Zeit einen Paradigmenwechsel erlebt. In der heutigen Zeit wäre der mit der Aufklärung entstandene und propagierte selbstgenügsame und autorisierte Individualismus geradezu ein Hindernis für das erforderliche

Gesellschaftsverständnis und das Gesellschaftsbewusstsein.

Es ist wohl ziemlich unbestritten, dass das Klassenbewusstsein der Arbeiterklasse seit den Zeiten des Manchester-Kapitalismus bis in die zweite Hälfte des 20. Jahrhunderts eine Realität war, die sich in vielen wichtigen, großen und kleinen Aspekten nicht nur unserer Gesellschaft niederschlug. Dazu gehören nicht nur die klassischen Parteien der arbeitenden Klasse, starke und geeinte Gewerkschaften, Konsumgenossenschaften, eine entwickelte (oder anders gesehen: gezähmte) Streikkultur, Sozialstaatskonzepte und eine entsprechende Entwicklung des Rechtssystems. Dazu gehören bestimmte Bildungsinstitutionen, Sportvereine, Eckkneipen, Wohnsiedlungen, Kleingärten, kurz Einrichtungen und Dinge, die heute, etwa beginnend mit dem 21. Jahrhundert Stück für Stück abgewertet, abgebaut, überholt und als 'aus der Zeit gefallen' betrachtet werden.

Entsprechend haben sich zur gleichen Zeit andere Denkräume, Vorstellungen und Visionen anderer gesellschaftlicher Gruppen und Klassen nach vorne geschoben mit ihren signifikanten, sichtbaren äußeren Formen und Gewohnheiten (Fitness, Wokeness, Social-Media, ...).

Ohne wissenschaftlichen Nachweis kann man festhalten, dass diese manifesten Veränderungen im Leben der Gesellschaft, in ihrer Realität einhergingen mit einem zahlenmäßigen Rückgang einer Arbeiterschaft, die in Fabriken, am Band, vor Ort 'in der Produktion' auch körperlich aktiv tätig war. Obwohl die weitaus größte Mehrheit der Bevölkerung weiterhin abhängig beschäftigt war, gezwungen, ihre Arbeitskraft zu verkaufen, hatten sich die Produktivkräfte weiter entwickelt.

Entwicklung, Produktionsplanung und –steuerung, Logistik und Vertrieb verfügten über räumlich verteilte Computerintelligenz und richteten über alle diese Bereiche Arbeitsplätze ein, die mit Tastatur und Bildschirm äußerlich ähnlich sehen, aber Software-Programme unterschiedlichster Art enthalten. Von einfachsten Überwachungs- und Kontrollprogrammen bis hin zu computergestützten Designprogrammen und Software für

Bearbeitungsmaschinen (CAD/CAM), Analyse- und Auswertungsprogrammen für Geschäftsleitungen haben sich neue Arbeitsplätze für alle Niveaus beruflicher Ausbildung und Qualifikation herausgebildet. In diesem Sinn hatte sich eine Arbeiterklasse aufgelöst, weil mit den differenzierten Bildungsniveaus, die die neuen Arbeitsplätze erforderten, sich neue Qualifikationen, neue 'Softskills', neue emotionale Bindungen an 'die Arbeit' herausbildeten und gefordert waren.

Inzwischen kann mit und in Folge dieser revolutionären Umbildung der Produktivkräfte, bei denen Wissenschaft und Forschung an die Spitze gerückt sind, ein weiterer deutlicher Umbruch markiert werden. Mit globaler Vernetzung und GPS, mit weiter verfeinerter und spezifischer Sensorik und Systemen der Künstlichen Intelligenz (KI) sind innerhalb einer Generation einschneidende Veränderungen der Produktivkräfte über die Bühne gegangen. Jede dieser Veränderungen erzwingt Folgen für gemeinwirtschaftliche und staatliche Planung und Verwaltung, für Bildung, Aus- und Weiterbildung, für Infrastruktur und politische Beteiligung und Verantwortung, verändert das Denken und Fühlen der Gesellschaft.

Neue Eliten und Intelligenz

Das bedeutet, dass sich auch in diesen Bereichen Funktionen und Arbeitsplätze ändern und anpassen mussten. Ohne Zweifel hat sich die gesellschaftliche Schicht, die sich früher Intelligenz nannte, erweitert und diversifiziert. Es ist kein Zufall, dass in unseren Parlamenten kaum mehr Vertreterinnen zu finden sind, die der klassischen und 'verschwundenen' Arbeiterklasse zuzurechnen wären, sondern vielmehr Vertreterinnen der Intelligenz.

Pierre Bourdieu definierte [18]: "*Der Intellektuelle ist ein bi-*

---

[18] In einem Vortrag, gehalten am 25. Oktober 1989 an der Humboldt-Universität Berlin(Ost) aus Bourdieu, Die Intellektuellen und die Macht, Nachdruck 2022 VSA-Verlag

---

dimensionales Wesen. Um den Namen Intellektueller zu verdienen, muss ein Kulturproduzent zwei Voraussetzungen erfüllen: Zum einen muss er einer intellektuell autonomen, d.h. von religiösen, politischen, ökonomischen usf. Mächten unabhängigen Welt (einem Feld) angehören und deren besondere Gesetze respektieren; zum anderen muss er in eine politische Aktion, die in jedem Fall außerhalb des intellektuellen Feldes in engerem Sinn stattfindet, seine spezifische Kompetenz und Autorität einbringen, die er innerhalb des intellektuellen Feldes erworben hat."

Diese Bestimmung wird von Bourdieu vor dem Hintergrund und der Geschichte der französischen Gesellschaft gegeben und begründet mit ihrer Besonderheit der Elitengenerierung und Elitenreproduktion in den "Grand Ecoles". Sie gilt vom Verständnis her für moderne Gesellschaften allgemein. Diese Bestimmung der Intelligenz als Schicht löst den "Gelehrten im Elfenbeinturm" ab und dies nicht nur in quantitativer Hinsicht. Bourdieu differenziert noch weiter, was die gewachsene Bedeutung der Intellektuellen betont, indem er von "Kapital mit ökonomischer Dominanz" und auf der anderen Seite von "Kapital kulturellen Typs" spricht. Beide Seiten, die sich quasi wie konkurrierende Brüder um das Erbe der Macht streiten[19].

Neue Unsicherheit und Prekariat

Neu entstanden ist eine Arbeiterklasse, die in ungesicherten Verhältnissen Menschen umfasst, die z.T. aus unterschiedlichen Ecken der Welt kommen, sowie Aussteiger und Ausfälle aus noch angesehenen Schichten. Nicht neu entstanden, aber zahlenmäßig gewachsen – und damit als Schicht relevant geworden – ist die Schicht derer, die ihren Lebensunterhalt und den ihrer Angehörigen dauerhaft nicht mehr aus eigener Kraft bestreiten können. Eine bedeutende Schicht, die dem

---

[19] Pierre Bourdieu, Die Intellektuellen und die Macht, neu herausgegeben von Irene Dölling, VSA Verlag Hamburg 2022

entsprechend auch nicht in der Lage ist, ihre Interessen und Bedingungen auf der politischen Ebene zu vertreten.

Diese Veränderungen infolge der ungeheuren Veränderungen der Produktivkräfte seit der Jahrtausendwende, ziehen deutlich merkbare Änderungen in Wahrnehmung, Denken und (nachgeordnet) Handeln der Gesellschaft nach sich. Spielen sich diese erheblichen Änderungen im Rahmen einer Generation und noch kürzeren Zeiträumen ab, kommt es zu Friktionen, Brüchen und Einbrüchen, weil die Einstellung, die Orientierung, Gewöhnungs- und Anpassungsleistungen der Gesellschaft langsamer verlaufen als bei den Individuen. Und selbst deren Anpassungsmöglichkeiten sind langsamer als die Geschwindigkeit der Veränderungen.

Erforderlich ist der Einstellungsprozess auf zwei Ebenen. Die Menschen im gesellschaftlichen Produktionsprozess erleben und erlernen verschieden schnell und in unterschiedlichem Maß und stoßen damit Konkurrenz- und Ausleseprozesse an mit Auswirkungen auf alle Menschen ihrer Lebensphase und ihres Tätigkeitsraums an. Die Auswirkungen der Veränderungen teilen die Menschen in Verlierer- und Gewinnergruppen.

Die andere Ebene ist die gesellschaftlich-politische Ebene, die medial den Individuen und Gruppen vermittelt wird, denen sie zugeordnet werden und denen sie sich zuordnen.

Die Vermittlungsprozesse zwischen beiden Ebenen sind äußerst komplex. Die Komplexität ist kaum im Verlauf aufzuschlüsseln und die vielfältigen Versuche, dies zu unternehmen, können allenfalls in Spekulation enden. Erweitert man die Untersuchungsperspektive und betrachtet die Veränderungsprozesse in der Vergangenheit und wählt Zeiträume, die die vergangene Produktivkraftentwicklung vorgibt, wird der Veränderungsprozess im Denken und Handeln der Gesellschaft überschaubarer. Dies ist die Perspektive, in der unterschiedliche soziologische Studien Wellenbewegungen, neue Begrifflichkeiten, Zuordnungen 'einfangen'.

Teil 2: Phänomene gesellschaftlichen Denkens und Fühlens

Gesellschaftlicher Fortschritt

Bisher haben wir uns beschäftigt mit Themen und Fragen, die mehr oder weniger jede Gesellschaft betreffen. Themen, die in unterschiedlichen Variationen die verschiedenen Kulturen, Nationen, ihr gegenwärtiges Leben betreffen. Das waren etwa die Bedeutung von Bildung und Wissenschaft, die Funktion der Medien, Information und Propaganda, Kommunikation der Gesellschaft im Zusammenhalt und im Streit.

Die kurze, durchaus oberflächliche Erwähnung dieser Bereiche, ihrer Institutionen und Wirkungen war lediglich die Einführung in das gesellschaftliche Denken und Fühlen, das nach meiner Meinung gegenüber dem individuellen Denken und Fühlen zu wenig Beachtung findet und darüber hinaus gänzlich verschieden vom Denken und Fühlen des einzelnen Individuums ist.

Denn die Gesellschaft stellt ein ganz anderes lebendiges Universum dar, als lediglich die Summe vieler Individuen. Wir lassen uns allerdings schnell dazu verleiten, diesen Unterschied zu ignorieren. Denn für die Gesellschaft wie bei Individuen wenden wir die gleichen Begriffe an wie Lernen, Vergessen, Trauern, Verdrängen, Schuld, Aggression, Depression, Hoffnung, Trauma und viele weitere Begriffe, die das Fühlen und Denken betreffen.

Diese nominal gleichen Begriffe stellen hingegen lediglich Analogien dar. Die wichtigen Unterschiede im Leben, Denken und Fühlen von Gesellschaft und Individuum sind das Thema dieser Schrift. Gleichzeitig gibt es Zusammenhänge und Wirkungen wie sie nur als dialektisches Verhältnis von Individuum und Gesellschaft zu fassen sind.

Fragen an 'die Menschheit' ?

Was bedeuten menschliche Kommunikation, Sprache und Denken in einer Zeit, in der existentielle Fragen, Probleme und Krisen global gestellt werden bzw. sich ungefragt, aber global stellen.

Wichtige Fragen unserer Zeit betreffen uns alle. Alle Länder und Weltregionen, wenn es um unsere Umwelt geht, wenn es kriegerisch zwischen den großen Machtblöcken wird, wenn Energie- und Ressourcenverteilung eng wird. 'Uns Alle' – ist das die Menschheit? Ja, die Menschheit ist gefragt, über sich, ihre Geschichte und Zukunft nachzudenken. Der Blick auf einige, sehr gelesene Bücher zum Thema scheint das Interesse an 'der Menschheit' zu bestätigen.

Bevor ich drei dieser Bücher vorstelle und die jeweiligen Motive und Leitfragen der betreffenden Autoren möchte ich ein paar Eigenschaften, Begrifflichkeiten beleuchten, die bei der Vorstellung – und erst recht beim Lesen – dieser Bücher hervorstechen. Da geht es in erster Linie um den Begriff des Fortschritts und darum wie dieser Fortschritt, also die Entwicklung der Menschheit sich in immer schnellerem Tempo vollzieht und räumlich ausbreitet.

Diese Fortschritte betreffen alle Erfindungen technischer Art, die die Reichweite unserer menschlich-biologischen Möglich-keiten, Sinne, Organe erweitern und 'von uns ablösen' wie es Marshal McLuhan (1911–1980), ein wichtiger Impulsgeber für die Kommunikationswissenschaft, formuliert hätte.

Zwei Geschwindigkeiten des Fortschritts

Bereits ohne weitere Kenntnisse wird dagegen immer wieder festgestellt und beklagt, dass sich die menschlich-sozialen, gesellschaftlichen Fortschritte weiterhin im Vergleich mit den technischen außerordentlich langsam entwickeln bis sie sich endlich durchsetzen. Da für technischen und sozialen Fortschritt in gleicher Weise gilt, dass er sich im globalen Maßstab sehr ungleich, um nicht zu sagen einseitig, durchsetzt, entstehen große Unterschiede zwischen den verschiedenen Völkern und Gesellschaften. Diese kulturell-historischen Unterschiede sind nicht selten der Brennstoff, mit dem materiell-reale Konflikte befeuert werden.

Bereits die Bestimmung dessen, was als gesellschaftlicher Fortschritt gewertet wird, kennzeichnet einen grundsätzlichen Unterschied zwischen technischen und sozialen Errungenschaften. Technische Entwicklungen definieren aus sich heraus, was fortschrittlich ist. Die wachsende Nutzung, Handhabung und Integration technischer Neuerungen – allein dies wird als Fortschritt benannt. Setzt sich auf diesem Weg technische Neuentwicklung nicht durch, wird davon nicht mehr gesprochen. In diesem Sinn gibt es technischen Rückschritt lediglich im Vergleich mit Gegenden, in denen der Nutzen und die Integration neuer Technik noch nicht so weit sind.

Dabei wird stillschweigend davon abgesehen, dass durchaus bestimmte Techniken nicht adäquat sein können für ihre soziale Beherrschung in einer ganz anders sozial verfassten Gesellschaft. Erstmalig wurde dieses Problem im Rahmen der sog. Entwicklungshilfe der reichen Länder für die Länder des sog. 'unterentwickelten' Südens erörtert: Jede Technik erfordert zu ihrer Nutzung eine bestimmte Wokeness in der Gesellschaft – um einen modischen Begriff zu verwenden. Diese notwendig erst zu entwickelnde Sensibilität bestimmt darüber, ob ein spezieller technischer Fortschritt auch als solcher zu Recht so genannt werden kann und seinen Nutzen für die Gesellschaft erweist und nicht nur für individuelle Nutznießer oder gar Profiteure des Fortschritts.

Die Ambivalenz des technischen Fortschritts

Schon immer wurde diese Ambivalenz des technischen Fortschritts betont. Nach dem Motto: Die Gefahren und Bedrohungen einer bestimmten technischen Neuerung liegen auf der Hand, wenn wir uns mit diesen Problemen auseinandersetzen, können wir diese Gefahren beherrschen bzw. ihnen mit geeigneten Mitteln begegnen.

Dieses Motto gilt und galt für die Erfindung des Buchdrucks ebenso wie für die Erfindung der Eisenbahn, des Flugzeugs, der Elektrizität und der Atomkraft. Es gilt heute für KI, Nanotechnologie, Gentechnik und Biotechnik in derselben Weise als Beruhigung, dass wir es schon schaffen können: die Beherrschung unserer eigenen technischen Entwicklung in immer kürzeren Zeitabständen.

Die Beruhigungspille dieses Mottos hat durchschlagende Wirkung. Denn in der Tat würde heutzutage niemand mehr Gefahren des Buchdrucks, der Eisenbahn oder der Elektrizität erkennen so wie sie damals zu den historischen Gegebenheiten diskutiert wurden. Der Buchdruck mit der Folge eines rasanten Anstiegs der Lesekompetenz im Volk und der Verbreitung auch revolutionärer Literatur war durchaus eine reale Gefahr für das gesamte feudale Herrschaftssystem. Mit der Verbreitung der Eisenbahn drohte nicht nur eine 'Geschwindigkeitskrankheit' für Reisende und Personal, sondern das Ausmaß tatsächlicher Unfälle durchbrach bisherige Schreckensgrenzen im Bereich der Mobilität. Die Reihe dieser Erzählungen kann jeder für sich leicht fortsetzen.

Doch kann diese Beruhigung beim Umgang mit den modernen technischen Entwicklungen heute in gleicher Weise gelten? Was hat sich gegenüber den vergangenen technischen Fortschritten, die wir fast geschlossen als gesellschaftlichen Fortschritt begrüßen, denn geändert?

Die jeweils revolutionäre Neuerung und Erfindung als neue Qualität, die die Gesellschaft erschütterte, war es sicher nicht. Denn was wen und mit welcher Wucht erschüttert, hängt ab vom gewohnten Gang der Dinge. Die Erfindung der Eisenbahn bzw. ihrer in den Lokomotiven konzentrierten und mobilen Dampfenergie war sicher nicht weniger aufregend als die Erfindung des Flugzeugs bis hin zum Überschalljet.

Was sich allerdings gravierend geändert hat zwischen den Fortschritten der industriellen Revolution und den Neuerungen des Informationszeitalters. sind die Dimensionen der zeitlichen und räumlichen Realwirksamkeit.

Die Geschichtsschreibung formuliert, fixiert und verdeutlicht Wellen und Formationen, in denen technische Entwicklungen stattfanden und sich durchsetzten. Allein die Aufzählung der folgenden Begriffe dokumentiert den zeitlichen Abstand einer jeweils neuen Periode, die diese Begriffe unterlegen:

Schrift - Astronomie/Navigation - Buchdruck - Dampf-/Ölenergie - Elektrizität - Informationsverarbeitung.

Es ist aber nicht nur die bereits erwähnte zeitliche Schrumpfung zwischen diesen Perioden von tausenden von Jahren bis zu hunderten und heute weniger als 10 Jahren. Die neue Qualität heute liegt auch in der Reichweite und Schnelligkeit der Ausbreitung ihrer Wirkung im planetaren Maßstab.

Beide Qualitäten, die zeitliche Abfolge und räumliche Ausbreitungsgeschwindigkeit neuer Techniken, die revolutionär, also umwälzend, disruptiv die Gesellschaften verändern, sprengen die Fähigkeit und Möglichkeit der Gesellschaft, darauf angemessen zu reagieren. Darin liegt der entscheidende Unterschied, wenn ich behaupte, dass die oben genannte Beruhigungspille nicht mehr wirkt und auch nicht eingenommen werden sollte.

Die wichtigste Fähigkeit und Möglichkeit der Gesellschaft, auf neue Bedingungen zu reagieren besteht in ihrer Regenerationsfähigkeit durch den schlichten, natürlichen Generationswechsel. Selbstverständlich ist auch dieser nicht einfach biologisch gegeben und festgelegt für alle Zeiten. Allein die vorherrschende, institutionell verankerte Bildung und Ausbildung der jeweils neuen Generation sorgt dafür, dass neue Inhalte und Umgangsformen schneller und einheitlicher in der Breite umgesetzt werden.

Nicht allein das. Die umfassenden Veränderungen der

Arbeitswelt erzwingen das sog. lebenslange Lernen. Und vom Zwang, den neue Technologien und informationell-organisatorische Maßnahmen auf die Gesellschaft ausüben, muss geredet werden.

Dieser Zwang geht von jeder umwälzenden Neuerung aus. Aber – um es mit einem Beispiel zu belegen – die Um- und Neustrukturierung der klassischen Industrieregion Rhein-Ruhr dauerte zwei Generationen, kostete der Gesellschaft hunderte von Milliarden Mark und Euro und verlangte von Millionen Menschen z.T. schmerzliche Einschnitte bis hin zur Gefährdung ihrer Existenz. Ja, es gab auch Profiteure dieser Anpassung an Veränderungen technischer Art, so wie es auch Chancen, Erfolge und Gewinn für viele Menschen gab. Entscheidend war für den Gesamterfolg, den die ganze Gesellschaft und die betroffene Region aus dieser Anstrengung zogen, dass diese notwendigen Veränderungen sich über den Zeitraum von mehr als zwei Generationen hinweg hinziehen konnten.

Einen derartig langen Zeitraum – gemessen an den Zeiträumen der Durchsetzung der Veränderungen des Buchdrucks – werden uns die revolutionären technischen Entwicklungen des Informationszeitalters nicht mehr gewähren.

Die immer noch spürbaren Folgen der Brüche und Friktionen, die die plötzliche Umgestaltung des technischen, organisa-torischen, kulturellen Rahmens einer realsozialistischen Gesellschaft wie derjenigen der DDR, wäre ein weiteres Beispiel für den zeitlichen Rahmen – etwa zwei Generationen – der erforderlich ist, damit eine Gesellschaft darauf reagieren kann.

Desgleichen wirken sich letztere Entwicklungen nicht nur auf einzelne Regionen aus. Die weltumspannenden Kommunikationsnetze ändern die Welt, in der wir leben.

Das Smartphone als Ikone und Paradigma

Als aktuelles, sehr krasses Beispiel für die Dissonanz zwischen schneller, technischer Entwicklung und deren langsamer, gesellschaftlicher Integration soll die Einführung des PC und dessen haptische Verkleinerung als Smartphone seit Anfang der 2000er Jahre dienen. Mit diesem Symbolwerkzeug ist zugleich mitgedacht, welche weiteren technischen Voraussetzungen der beiden letzten Jahrzehnte genannt werden müssen. Es sind dies nicht nur die Fortschritte in der Chip-, Prozessor- und Softwaretechnologie, sondern parallel dazu der Sensortechnologie, der Aufbau des GPS und der Netz- und Mobilfunktechnologien.

Quasi von einem Moment auf den anderen wurden dadurch Arbeit, Arbeitsstrukturen, Bildung und Weiterbildung, Produktion, Handel und Verkehr, Kommunikation, Medien, Politik und Kultur von Grund auf verändert. Die dadurch notwendigen Veränderungen der Verwaltung, der demokratischen Instanzen, der Schulen und Universitäten, der Nachrichten- und Informationsangebote hinken deutlich hinterher. An den Nahtstellen des gesellschaftlichen Konsens platzt es auf und ausgelöst, aber zeitlich nicht einzufangen zeigt der technische Fortschritt viele Aspekte des Rückschritts bzw. entwickelt Dynamiken aus sich heraus, die gesellschaftlichen Rückschritt signalisieren.

Der Rückschritt zeigt sich unter anderem in sinkender Toleranz und Akzeptanz unterschiedlicher technischer Kompetenz, des Auseinanderklaffens informationeller Bildungslevel, des Rückbaus demokratischer Herrschaftsformen und ihrer Kontrolle, der Unübersichtlichkeit der globalen politisch-ökonomischen Verhältnisse, des informationellen Umweltmülls, der Lufthoheit herrschaftlicher Information bis hin zu Manipulation begrenzter Aufmerksamkeit, die wenigen wichtigen Fragen der Gegenwart ausblendend.

Der bereits genannte Marshal McLuhan hat schon lange vor dem Siegeszug des Internets mit den Möglichkeiten der sog. Social Media, der Künstlichen Intelligenz (KI), der sofortigen Verbreitung von Sprach-, Bild-, Video-Information weltweit durch fast jedermann, die Wirkungen auf die sozial-kulturelle

Formierung der Gesellschaft hingewiesen. Seine Analysen und Schlussfolgerungen sollten nicht vergessen werden. Sie sind ebenfalls Inhalt des Teils II dieses Buchs.

Neoliberalismus und moderne Kommunikationsbasis

Als weiteres Beispiel für die weltweite, schlagartige Wirksamkeit der Informationstechnologie sei an dieser Stelle folgendes angeführt: die neuen weltweiten Kommunikationsnetze mit ihren zentralen immer betriebsbereiten Knoten erlauben Kapital-, Währungs- und Produktspekulation in Sekundenschnelle. Die politischen Weichen für die Freigabe dieser Transfers wurden seit den 1970er Jahren schrittweise durchgesetzt. Die durchschlagende Wirkung war aber erst im neuen Jahrtausend auf der Basis der weltweit verfügbaren technischen Netze, der Börsenkommunikations- und Rechenzentren möglich. Vom früheren Telegraphennetz kennen wir die Bedeutung der Geschwindigkeit, mit der Informationen für Spekulation verfügbar sind.

Aber der Vergleich in dieser Hinsicht mit modernen Systemen schlägt jede Dimension. Heute, gegenüber damals zu Beginn des 20. Jahrhunderts, sind nicht lediglich Schnelligkeit und Verfügbarkeit kaum vergleichbar. Die Verfügbarkeit ist jetzt erweitert auch in der umgekehrten Richtung. Nicht mehr nur eine Institution, die Börse, beauftragt Transfers. Unzählige Individuen und selbständig rechnende Computer können dies auf der Basis ständig validierter Werte im Sekundentakt veranlassen.

Es erübrigt sich, an dieser Stelle auszuführen, welche globale Bedeutung diese Möglichkeiten des Kapitalmarkts für Wirtschaften und Gesellschaften dieser Welt hat und welcher Veränderungsdruck daraus erwächst.[20]

---

[20] z.B. Bundeszentral für politische Bildung, https://www.bpb.de/kurz-knapp/zahlen-und-fakten/globalisierung/52583/finanzmaerkte/

Die Analogie des 'gesellschaftlichen Gesamtkörpers'

Wenn immer jemand das Verhältnis von Individuum und Gesellschaft zum Thema macht, spielt sie oder er mit einer sehr alten und konfliktbeladenen Angelegenheit. Denn es geht um die Frage: Wer oder was ist denn wichtiger? Die Individuen, die Menschen, die in ihrer Gesamtheit ja erst die Gesellschaft bilden? Oder die Gesellschaft, ohne die Individuen nicht leben können und wollen. Der Mensch als Naturwesen und gesellschaftliches Wesen ist und braucht beides und schon von diesem untrennbaren Zusammenhang her und erst Recht durch die Dynamik zwischen diesen beiden 'Naturen' des Menschen geht es hier um ein dialektisches Verhältnis, das einer genaueren Betrachtung bedarf.

Bereits eine von Titus Livius (* 59 v. Chr.) erwähnte Geschichte, in der Menenius Agrippa dem aufgebrachten Römischen Plebs das Gleichnis von den Körperteilen und dem Magen erzählt in dem der Magen scheinbar nicht wie die Glieder arbeitet und anschafft, sondern prasst und verschlingt. Menenius Agrippa erläutert zur Besänftigung der Streikenden, dass das Verhältnis zwischen Gliedern und Magen eben kein ausbeuterisches wäre, weil der Magen ja alle Körperteile versorgt und somit am Leben erhält.

Mit diesem Gleichnis, das historisch immer wieder in abgewandelter Form das hierarchische Verhältnis von Untertan und Regent, Bürger und Staat so nahe legt, dass im Grunde Regierte in gleicher Weise wie Regent auf Augenhöhe für das Gemeinwohl sorgen. Ein Aufbegehren der Regierten wäre folglich nicht nur zwecklos, sondern widersinnig.

Buchter, Heike, Blackrock, Eine heimliche Weltmacht greift nach unserem Geld, Campus 2020
Ulrike Herrmann: Der Sieg des Kapitals. Wie der Reichtum in die Welt kam. Die Geschichte von Wachstum, Geld und Krisen. Frankfurt am Main 2013

Das Gleichnis – in welcher Form auch immer – missbraucht das komplexe Verhältnis von Individuum und Gesellschaft also zugunsten der Macht. Dabei wird bereits unversehens Gesellschaft mit deren Regierung in Zusammenhang gebracht. Und in der Tat, wenn heute in Zeiten der Krisen und Kriege Regierungsvertreter an das Volk appellieren, zu sparen, zu leiden, zusammen zu halten für – i.d.R. abstrakte Werte und Ziele – bedeutet das letztlich missbräuchliche Interpretation des genannten komplexen Verhältnisses.

Aber worin bestünde eine korrekte, nicht missbräuchliche, manipulative oder auch nur funktionalisierende Interpretation dieses Verhältnisses von Individuum und Gesellschaft?

An dieser Stelle setzt die Aufklärung an und fordert mit Kant und seinem Kategorischen Imperativ:*„Handle nur nach derjenigen Maxime, durch die du zugleich wollen kannst, dass sie ein allgemeines Gesetz werde.“*

Das bedeutet, dass das Individuum so in Einklang mit der Gesellschaft funktioniert. Letztlich bedeutet es jedoch, wie Lutz Frühbrodt analysiert: *"Kritik ja, Widerstand nein. Das Vernunftprinzip solle im öffentlichen Raum zum Einsatz kommen, schreibt Kant in Was ist Aufklärung?, wobei er den Kritiker allein im publizierenden Gelehrten und die Öffentlichkeit in dessen Leserschaft sieht. Der Bürger dürfe sich zwar beschweren, er habe aber kein Recht, den Aufstand oder gar den Aufruhr zu proben."*

Was fehlt, wäre ein Pendant des Kategorischen Imperativs, das die Gesellschaft bindet. Ich nenne ihn vorauseilend "Kategorischer Imperativ-G". Damit wird deutlich, dass dann – wenn man diese Leerstelle weiter verfolgen wollte - sowohl Moral als auch Vernunft der Gesellschaft, ihrem Denken und Handeln zugeordnet werden müssten. Diese Vernunft, diese Moral der Gesellschaft hätte selbstverständlich nichts mit Vernunft und Moral ihrer individuellen Mitglieder zu tun, wenngleich sie davon auch nicht unabhängig wären. Anstelle der Begriffe Vernunft und Moral, würde ich für die Gesellschaft die Begriffe Nachvollziehbarkeit, Transparenz und sozial-humane Grundhaltung setzen. Also Eigenschaften, die das Handeln der Gesellschaft kategorisch binden, so dass Individuen rational, nachvollziehbar und gesichert dieses Handeln erleben, kritisieren und kollektiv verändern können.

Mit diesem Zwischenstand unserer Analyse des dialektischen Verhältnisses von Individuum und einer aufgeklärten Gesellschaft wird verständlich, wie wichtig die Frage wird, die hier einer Klärung näher gebracht werden soll: "Wie fühlt, denkt und handelt Gesellschaft?" Denn erst mit einer Konkretisierung dieser Frage wäre es möglich bzw. sinnvoll von einer Gesellschaft den kategorischen Imperativ-G zu fordern.

Um einen Schritt in der Analyse weiter zu gehen, muss die Dynamik der beiden Seiten der Dialektik 'Individuum und Gesellschaft' untersucht werden. Die beiden kategorischen Imperative wären ja nur die Beschreibung statischer bzw. immer wirksamer Prinzipien der beiden Seiten. Die Dynamik des gesellschaftlichen Prozesses verändert die beiden Seiten, die weiter und unlösbar voneinander sich gegenseitig verändern. Es ist eine Dynamik, die weder ein Gleichgewicht erzwingt, noch eine Regelmäßigkeit etwa in der Form einer Wellenbewegung, eines Auf und Ab. Auch keine Regelhaftigkeit eines Regelkreises, bei dem ein Kontrollelement die Dynamik umkehrt oder abstellt, wenn ein Sensor das Überschreiten einer Grenze erkennt. Denn wer könnte bei der Dialektik von Individuum-Gesellschaft das Kontrollelement und der Sensor sein?

Bei dem Beispiel der Trotzki zugeschriebenen Definition von revolutionärer Situation geht es nicht um Stellschrauben eines Regelkreises: Sie – die Revolution - ist dann möglich, wenn Regierung nicht mehr herrschen kann und zugleich das Volk nicht mehr beherrscht werden will. Wenn sozusagen ein Herrschaftspatt herrscht.

Mit Analogien kommt man dann, wenn es sich um Prozesse des Lebens handelt, nicht sehr weit, obwohl sie wegen der Anschaulichkeit hemmungslos eingesetzt werden.

Um dieser 'Ungeregeltheit' begegnen zu können, ist ein Kriterium erforderlich, das für beide Seiten ein Missverhältnis markieren kann und eine Fähigkeit, die Korrekturen ermöglicht. In der Theorie des demokratischen Gemeinwesens stellen regelmäßige Wahlen, unabhängige Medien, soziale Sicherung, Rechtsstaat und freie Bildung in ihrem Zusammenwirken derartige Kriterien und Fähigkeiten dar. Und zweifellos stellen diese Kriterien und Fähigkeiten einen Fortschritt in der Entwicklung menschlicher Gesellschaften dar – selbst wenn man zugestehen muss, dass die Kluft zwischen Theorie und Realität eines konkreten demokratischen Gemeinwesens tief, weit und vielfältig sein kann.

Selbst unter den Bedingungen und geltenden Verträgen der Europäischen Union (EU) kann man ein breites Spektrum unterschiedlicher Ausprägungen und Auffassungen eines demokratischen Gemeinwesens feststellen und für die Kommission der EU gilt nicht einmal die theoretische Konzeption.

Am Beispiel der EU kann man auch sehr deutlich den grundsätzlichen Mangel – sogar im theoretischen Konzept – feststellen: die Demokratietheorie blendet die ökonomischen Bedingungen vollständig aus. Die Macht der globalen Konzerne und übergeordneten Kapitalverwaltungen findet dort überhaupt keinen Niederschlag. Desgleichen auch die Auswirkungen der globalen Börsen, deren spekulative Auf- und Abbewegung zutreffend als Casinokapitalismus charakterisiert wird.

Andererseits werden diese Phänomene, die das gesamte aktuelle Leben der Menschen und ganzer Länder von Grund auf bestimmen, durchaus von der Gesellschaft wahrgenommen. Verarbeitet werden sie jedoch als Mächte, deren Wirken nicht beeinflussbar ist und die auf diese Weise den Charakter von Schicksalsmächten annehmen. Interessant ist diese Wahrnehmung insbesondere im Vergleich mit den Auswirkungen des Klimawandels, der vorrangig im Fokus steht, dessen Ursachen inzwischen eindeutig als 'menschengemacht' anerkannt sind, dessen Wirkungen aber zunehmend erst in Zeiträumen von Generationen befürchtet werden. Der emotionale Umgang der Gesellschaft mit diesen Mächten und Zwängen ist äußerst unterschiedlich.

Meine Thesen zu dieser widersprüchlichen Wahrnehmung:

Die Wahrnehmungen werden gestaltet. Sie sind nicht zufällig. Die Wahrnehmungen werden (nicht nur) von den Medien maßgeblich gestaltet. Die Gestaltungskraft der Medien ergibt sich

- aus ihren ökonomischen Zwängen,

- ihrer medialen Präsenz, die – wie im Kapitel "*Zunahme der Mediendichte* "*Neue Eliten und Intelligenz*" beschrieben allgegenwärtig ist und

- ihrer Funktion als Herrschaftsinstrument, sowie der Stärke der jeweiligen Elite und Intelligenz als gesellschaftlicher Klasse (Kapitel *Neue Eliten und Intelligenz*).

Individuell werden sie in vielfältigster Weise verarbeitet. Von Menschen, die daraus rational, aktiv und eingreifend ein politisches Weltbild entwickeln bis hin zu Menschen, die selektiv, willkürlich und aus zufälligen Ereigniskombinationen ein Weltbild zusammensetzen, das sich im Extrem in krassen Formen und Verschwörungstheorien niederschlägt.

Zurück zur 'Menschheit'

Halten wir fest: die räumliche und zeitliche Dynamik der beiden Seiten des dialektischen Zusammenhangs *Individuum-Gesellschaft* ist nicht nur graduell unterschiedlich. Sie ist in Größenordnung und qualitativ völlig verschieden.

Die weitere Verfolgung der technisch induzierten, janusköpfigen Entwicklung und die Schere, die sich auftut durch die vollkommen auseinander fallende Geschwindigkeit dieser beiden Dynamiken legt es nahe, einen globalen und vielleicht zu groben, aber dafür auch ganzheitlichen Blick zu werfen auf die Menschheit als solcher – einen Blick auf den Homo Sapiens.

Herausragend, was die Masse der Leserschaft international betrifft, war Harari, Yuval Noah, Sapiens, A Brief History of Humankind, Vintage London 2015

Das Buch gilt als multi-million copy Bestseller – so die Überschrift auf der englischen Ausgabe und der Autor hat damit eine Weltbühne betreten, die ihn zum Ratgeber von bedeutenden Politikern, zum Inspirator der Techscene aber auch zum Gegenstand wissenschaftlicher Kritik und Feind vieler Umweltaktivisten machte. Alles dies ist der Grund, weshalb ich dieses Buch mit seinen Fakten und Einschätzungen als Beispiel zum Thema heranziehen möchte.

Diese weit reichende Wirkung und der Erfolg des Buches beruhen auf zwei Säulen. Das Thema 'Die kurze Geschichte der Menschheit' steht scheinbar wie von selbst im Raum. Wir erleben in immer schnelleren Umdrehungen Innovationen von zweifelhafter Tragweite und viele sehen eine dunkle Zukunft. So gesehen, steht das Thema auf der Agenda ganz oben.

Diese Gelegenheit nutzt der Autor, indem er uns die gesamte Geschichte der Menschheit in ihrer 2 Millionen Jahre andauernden Entwicklung in Form von Fakten, Geschichten, Vergleichen, Analogien und Gegenüberstellungen so vor Augen führt, dass man unrettbar im Gang seiner Argumente gefangen wird. Das hat selbstverständlich auch mit seiner Kunst der Erzählung und Veranschaulichung zu tun.

Von diesem spannend und gut erzählten Buch wird man gefangen genommen im Sinn von eingesperrt in Argumente, was ja andere Argumente unsichtbar machen kann. Diese Befürchtung bleibt vor allem, weil Hararis Argumente und Einordnungen Schlussfolgerungen und Perspektiven eröffnen, die zwingend erscheinen.

Um nicht missverstanden zu werden: Harari schließt jede gerichtete, sinnhafte historische Linie der biologischen und gesellschaftlichen Entwicklung der Spezies *homo sapiens* aus. Im Nachvollzug der entscheidenden historischen Revolutionen

beginnend mit der agrikulturellen Revolution und Sesshaftwerdung der Jäger und Sammler über die Erfindung der Schrift
und des Buchdrucks bis hin zur wissenschaftlichen und
industriellen Revolution lassen sich die entscheidenden
Fähigkeiten des *Sapiens* begründen. Darüber dürften sich die
wissenschaftlichen Erkenntnisse im Großen und Ganzen einig
sein.

Die Wissenschaft vom Sapiens studieren oder erzählen?

Andererseits genießt Harari weniger wissenschaftliche
Anerkennung wie man bereits unter Wikipedia im Absatz
'Rezeption' erfahren kann. Dort heißt es:

*" Von wissenschaftlicher Seite wurden Hararis Werke kritisiert.
Die Neurowissenschaftlerin Darshana Narayanan warf dem
Autor 2022 vor, er sei wissenschaftlich in vielerlei Hinsicht „a
fraud" („ein Betrüger"). Seine Bücher seien nie einem
wissenschaftlichen Faktencheck unterzogen worden, da die
Fragestellungen in der Regel so umfassend seien, dass sich
Wissenschaftler als Experten auf Spezialgebieten nicht
zuständig gefühlt hätten. Harari sei es so gelungen, durch
gekonntes Storytelling ein Bild von der menschlichen Spezies zu
zeichnen, das in vielerlei Hinsicht den Überzeugungen des
Silicon Valley von einer datengetriebenen Gesellschaft
entspreche, dabei aber Argumente aus den
Humanwissenschaften unterschlage, die ein wesentlich
vielfältigeres und komplexeres Bild des Menschen
zeichneten.[26] Nils Güttler (ETH Zürich) sieht Hararis Werke
als Beispiel eines populärwissenschaftlichen Literaturtypus, die
dominierende Motive über große Zeitspannen ersännen (Big
History), was im Falle von Hararis Menschheitsgeschichte für
„marktgesteuerte, industrienahe und zukunftsorientierte
Formen der Wissensproduktion" plädiere. Sie stellten damit
einen „neuen Modus von Geisteswissenschaft" dar, in der „der
Historiker [...] zum Unternehmer" werde.[27]"*

Diese Einschätzung kann man teilen. Sie ergibt sich aber nur bei einem zweiten Blick auf das Buch und wenn man die Methoden, die er schriftstellerisch anwendet, genauer für sich herausarbeitet. Denn der Feststellung, dass man das Buch keinem wissenschaftlichen Faktencheck unterziehen kann, weil die dargelegten Fakten in ihrer Allgemeinheit nicht falsifiziert werden können, kann man nichts entgegen setzen. Hararis Absicht, ein populärwissenschaftliches Buch zu schreiben, um für unsere Zeit das Bild der Menschheit zu zeichnen und damit anzuregen, die großen aktuellen Fragen der Menschheit zu diskutieren, ist nicht nur legitim, sondern dieses Vorhaben ist ihm ausgesprochen gelungen.

Es ist auch nicht so, dass der Autor bestimmte Abschnitte der Menschheitsentwicklung beschreibt und deren Folgen und Wirkungen aus seiner Sicht in positiver, oft überschwänglicher Weise darstellt und die negativen bis katastrophalen Folgen verschweigt. Auch diese letzteren stellt er ausführlich und unausweichlich dar. Und dies erklärt er immer anhand ihrer oft sehr unterschiedlichen Ergebnisse für Individuen einerseits und für die Gesamtheit ihrer Gesellschaft andererseits. Das breitet er aus bis hin zu den offenkundigen, aktuellen, alternativlos erscheinenden Problemkonstellationen für die ganze Menschheit.

Fortschritt für wen ?

Zwei Beispiele dafür möchte ich herausgreifen.

Zweifellos und kaum umstritten ist die These, dass die Sesshaftwerdung von Jäger und Sammler Horden und die damit verbundene sog. agrikulturelle Revolution um 9500 – 8500 vdZ in vieler Hinsicht die Existenzbedingungen der betroffenen Individuen zunächst verschlechtert hat.

S. 89 "*Gelehrte verkündeten einst, dass die Agrarrevolution ein großer Fortschritt für die Menschheit sei. Sie erzählten eine Geschichte des Fortschritts, der durch die menschliche*

Gehirnleistung angetrieben wurde. … …Diese Geschichte ist eine Fantasie. Es gibt keine Beweise dafür, dass die Menschen mit der Zeit intelligenter wurden. Anstatt eine neue Ära des einfachen Lebens einzuläuten, hinterließ die Agrarrevolution den Landwirten ein Leben, das im Allgemeinen schwieriger und weniger befriedigend war als das der Sammler.(https://translate.google.com)"

Als zweites Beispiel die uns besser bekannte, sog. industrielle Revolution: diese begründet Harari u.a. mit einem ihrer entscheidenden Merkmale als Revolution der Energiekonversion. "*Nicht mehr bestand die fast einzige bis dahin bekannte Energieumwandlung darin, Nahrung (von Mensch und gezähmtem Tier) in Muskelkraft umzuwandeln. In historisch unglaublich kurzer Zeit gelangen Energieumwandlungen von Holz, Kohle, Öl, Gas, Atom … in die Kräfte von Dampfmaschinen, Lokomotiven, Fahrzeugen, Schiffen, Flugzeuen aller Art.*"

Alles auf der Basis der wissenschaftlichen Revolution. Deren entscheidender Impetus bestand nach Harari in einem Wechsel der menschlichen Denkungsart: S. 279

"*Die wissenschaftliche Revolution war keine Revolution des Wissens. Sie war vor allem eine Revolution der Unwissenheit. Die große Entdeckung, die die wissenschaftliche Revolution auslöste, war die Entdeckung, dass der Mensch die Antworten auf seine wichtigsten Fragen nicht kennt … Zweitens, eine ganze Tradition könnte sich unwichtiger Dinge nicht bewusst sein. Per Definition war alles, was die großen Götter oder die weisen Menschen der Vergangenheit sich nicht die Mühe machten, uns zu sagen, unwichtig …*

Alte Wissenstraditionen ließen nur zwei Arten von Unwissenheit zu. Erstens könnte eine Person etwas Wichtiges nicht wissen. Um das nötige Wissen zu erlangen, brauchte er lediglich jemanden zu fragen, der klüger war. Es bestand keine Notwendigkeit, etwas zu entdecken, das noch niemand wusste … Die moderne Wissenschaft ist insofern eine einzigartige

Nicht mehr wurden gesellschaftliche Ressourcen darauf verschwendet, die Welt, die Herrschaft und das Denken aus den bestehenden Grundlagen der klassischen Philosophie, den Dogmen der Kirche und dem sich daraus abzuleitenden Weltbild, der Moral und der Gesetze zu erklären. Man schaute – grob gesagt – zurück und hatte mit diesen Grundlagen überhaupt nicht den Wunsch, mehr oder etwas Anderes zu wissen.

Der Startschuss für ein neues, nach vorn gerichtetes wissenschaftliches Denken bestand nach Harari darin, dass man entdeckte und zugestand, dass man wenig bis gar nichts wusste und sich genötigt sah, auf vielen Gebieten neues Wissen zu generieren. Das Anwachsen und die Bedeutung dieser Haltung, die Harari als Zugeständnis des Nicht-Wissens anspricht, führt er in vielen Beispielen an.

Dabei scheint es ihm egal zu sein, was und wer Ursache und Wirkung dieses neuen Denkens war. War es der Herrscher, der in einen Krieg investierte, um seine Macht zu erhalten oder war es der Wissenschaftler (beide noch durchweg männlich), der dem Herrscher den Nutzen seiner Erfindung so konkret machen konnte, dass die herrschaftlichen Ressourcen in andere, nämlich in seine Richtung flossen?

Zusammenschluss von Wissenschaft und Kapitalismus

Was Harari durchaus als wesentliche weitere Triebkraft dieser Revolution beschreibt, ist die begründbare Hoffnung der neu entstehenden Kapitalisten, dass ihre Investition profitabel wird. Damit wird das neue Ziel der Wissenschaftler, mehr zu Wissen, in eine Richtung gedrängt.

Die Richtung ist die der industriellen Revolution mit ihren

Fabriken, Maschinen und Produkten zum Nutzen von Wissenschaft und Kapital und zum Verderben ungezählter Millionen von Landflüchtigen, Handwerkern und ihren Kindern, die in diesen Fabriken fortan mit dem jeweiligen Marktpreis ihrer Arbeitskraft ihr Leben und das ihrer Nachkommen bestreiten mussten.

Die Geschichte ging aber weiter und heute – so stellt Harari fest – leben wir alle von den Segnungen der Industriellen Revolution und des Kapitalismus. Dabei übersieht er als Veganer nicht - wie viele Andere - den Preis, den die industrielle Verwertung der Milliarden von Tierleben und der ganzen Natur gefordert hat und weiter fordert. Er erkennt auch das aktuelle Dilemma, dass seine so 'entwickelte' Lebensweise für *Sapiens* den Untergang bedeuten kann. In diesem Fall mit umgekehrter Richtung: was für ungezählte Individuen ein angenehmes Leben bedeutet, schadet der Gesellschaft als Ganzer.

Im Vergleich beider Revolutionen, der Sesshaftwerdung des Menschen und der industriellen Revolution muss Harari feststellen: Nach (im 1.Fall) 2000 Jahren bzw. 100 Jahren (im 2 Fall) waren die Ergebnisse beider Revolutionen nicht mehr rückgängig zu machen. Die Falle der Vorteile schnappte zu.

Das könnte nach einer kurzweiligen und spannenden Lektüre als Quintessenz des Buches für eine breite Diskussion geeignet und ausreichend sein – jedoch nicht für den Autor. Die restlichen fast 200 von 500 Seiten wägt Yuval Harari selber die Waagschalen des existierenden Dilemmas ab. Diese Abwägung geschieht durchaus in ehrlich, ernsthafter Betrachtung. Er berührt die Folgen des modernen Zeitmanagements, den Kollaps von Familie und Gemeinde ebenso wie Friedenschancen mit dem Rückzug der Imperien. Der Autor landet bei der Feststellung, dass man das Glück der Menschen und der Gesellschaft nicht messen, ja nicht einmal vergleichen kann.

Der blinde Fleck: Die Organisation der Macht

Was Harari merkwürdiger Weise kaum berührt, findet sich bei einem anderen Historiker, der das gleiche Thema 'Die Entwicklung der Menschheit' behandelt. Unter dem Titel *'Das Ende der Megamaschine – Geschichte einer scheiternden Zivilisation'* steht bei dem Autor *Fabian Scheidler* die Organisation der Macht und ihre Eigendynamik im Mittelpunkt.

Selbstverständlich sind Imperien und ihre Funktion bei Harari ebenfalls Thema. Er verbindet es auch mit den Themen 'Geld' und 'Religion'. Zwei Elementen, die dem Aufstieg und der Bedeutung von Imperien inhärent sind. Im Unterschied zu Scheidlers Ansatz spielen bei Harari die Ursprünge, die Triebkräfte und die Dynamik von Machtstrukturen kaum eine Rolle.

Bei Harari existieren Imperien einfach und ihre Funktion besteht im Wesentlichen darin, dass sich in ihnen und durch sie ein Vereinheitlichungsprozess manifestiert, der riesige Menschenmassen organisieren kann, der nach innen spezifische Vorteile bieten kann, der Kulturen aufsaugt, während er nach außen, die 'Anderen', ausschließt. Von den mesopotamischen Reichen, Ägypten, dem römischen, spanischen, britischen Weltreichen bis hin zur bipolaren Welt und zur einzigen Supermacht USA stellen diese Imperien quasi die Container dar, in deren Rahmen sich Zivilisation entwickelt. Es sind Ordnungen, die für eine immer größer werdende Menschheit Stabilität – trotz aller Vergänglichkeit – herstellt und auch nur so ermöglicht.

Bei Scheidler hingegen beginnt Macht mit der Verfügung über materielle Ressourcen und mit den Notwendigkeiten, Macht und Ressourcen zu sichern. Bei Harari sind alle Eigenschaften und Funktionen der Macht lediglich 'Fiktionen', geteilte Erzählungen. Es sind die Fiktionen Nation, Religion (inkl. Kommunismus), Kultur, etc. Notwendig geteilt und aufrechterhalten als Fiktion, weil die reale Wahrnehmungskapazität und Anpassungstoleranz des einzelnen *Sapiens* auf Gruppen- und Stammesgrößen eingerichtet und beschränkt ist.

Diese Unterschiede zwischen Scheidler und Harari bei den Anfängen und der begrifflichen Eingrenzung des Feldes führen zu sehr unterschiedlichen Ergebnissen, obwohl in beiden Fällen ganz klar die wissenschaftlich gesicherten Fakten – so weit das beim Rückschau auf 10 000e von Jahren möglich ist – geteilt werden.

Das Ergebnis bei Fabian Scheidler ist eindeutig ein Chaos der gesellschaftlichen und globalen Entwicklung. Keine Endzeit, sondern eine Zeit des Chaos, auf die hin sich Mensch und Gesellschaft einrichten könnten, um in diesem Chaos so schnell wie möglich und mit möglichst wenig Schaden einen neuen, anderen Entwicklungsschub anzustoßen.

Der von vielen namhaften Politikern, Publizisten und Philosophen beschriebene Übergang von einer unipolaren Welt, geregelt von einer Supermacht zu einer multipolaren Weltordnung, deren Regeln eher die Ideen des Interessenausgleichs und der Balance of Power verkörpern, könnte dem erwartbaren Chaos und seiner Bewältigung eine optimistische Perspektive verleihen.

Das Ende des Sapiens

Ist man schon fast am Ende des Buches von Yuval Harari angelangt, wird es noch richtig heftig. Der Autor outet sich und gibt damit seinen vorangegangenen Abwägungen eine eindeutige Richtung.

S. 445 " *Natural selection may have provided **Homo sapiens** with a much larger playing field than it has given to any other organism, but the field has still their efforts and achievements, Sapiens are incapable of breaking free of their biologically determined limits.*

*But at the dawn of the twenty-first century, this is no longer true: **Homo sapiens** is transcending those limits. It is now* *beginning to break the laws of natural selection, replacing them with the laws of intelligent design."*

Worin bestehen diese neuen Möglichkeiten? Es sind die Möglichkeiten der Gentechnik, der Bionik und der Künstlichen Intelligenz. Harari ist sich nicht zu Schade, die bislang noch rudimentären 'Erfolge' dieser Techniken anzuführen – selbstverständlich mit dem Vorbehalt, das wären erst stümperische Anfänge und ethische, politische Bedenken werden zu diskutieren sein.

Bei diesen Anfängen geht es z.B. darum, dass durch Manipulationen der DNA etwa ein Kaninchen mit fluoreszierendem Fell entsteht, oder auf Tieren völlig fremde Organe anwachsen, die für Organverpflanzungen bei Menschen genutzt werden können oder Ideen entstehen, wie man den Homo Neandertalensis oder Mammuts auferstehen lassen kann. Wofür, wozu, für wen bleibt dem Belieben oder der Phantasie überlassen.

Harari erwartet - in positivem Sinn - nach dem Homo Sapiens eine gottgleiche Spezies, die neue Wesen 'designed', also schöpft und gestaltet. Damit werden Hoffnungen geweckt, die bekannten Defizite, Dilemmata und Distopien auch beheben zu können, die die Menschheit mit ihrer so geschilderten Entwicklung selbst geschaffen hat. Aussichten, bei denen es einem schwindlig werden kann. Selbst wenn man dem Autor bei seinen Zukunftsperspektiven nicht folgen will, kann man immerhin sagen, dass auch sein Beitrag für die Diskussion anderer Schlussfolgerungen gut ist.

Technik als Deus ex Machina

Im epischen Drama ist diese Figur ein bloßes Hilfsmittel, um dramatische Wendungen zu legitimieren, quasi für den Moment Im Kopf des Zuschauers.

Zwar hat sich die Eigendynamik der gesellschaftlichen Entwicklung zugespitzt und steht mit den Problemen der natürlichen

Umwelt, den selbstzerstörerischen Drohungen durch Kriege, der informationellen und kommunikativen Überforderung an dramatischen Wendepunkten. Dennoch ist diese Realität eine andere als die gespielte Realität des Theaters und der Erlöser in dieser Wirklichkeit kann nicht die Technik sein, die Teil des Problems ist.

Wie und von wem auch immer Nanotechnologie, KI, Gentechnik und Bionik als sog. Spitzen des Fortschritts, der Innovation und ihrer schier unglaublichen Möglichkeiten gefeiert werden: sie verschärfen das Grundproblem gesellschaftlichen Fortschritts statt es zu lösen.

Der überwältigende Sieg der Naturwissenschaften

Es lohnt sich, einer scheinbar trivialen Frage nachzugehen: weshalb haben Technik und Naturwissenschaften in unseren westlichen Gesellschaften einen derart hohen Stellenwert? Weshalb erwarten unsere westlichen Gesellschaften von Technik und Naturwissenschaften Lösungen der Probleme, die mit Technik, der enormen Produktivität seit der Industrialisierung so angewachsen sind, dass sie eine existentielle Bedrohung darstellen.

Die einfache Antwort hierauf liegt auf der Hand. Es ist der tägliche, individuelle und gesellschaftliche Nutzen der auf der Basis wissenschaftlicher Forschung entstandenen technischen Möglichkeiten. Vom Automobil bis zum Jet, vom Bauernhof bis zum Agrobusiness, vom Radio bis zum Internet, von Pharmazie bis zu Gentechnik, vom PC bis Google und GPS – wir können uns überhaupt nicht vorstellen, wie wir auf die meisten Dinge der technischen Welt, wie wir ohne diese Dinge auskommen, oder darauf verzichten könnten.

Nicht nur unsere Gewohnheiten, Erleichterungen und Bequemlichkeiten sind auf die praktisch nützlichen Gegenstände, Verfügbarkeiten, Anwendungen und Angebote eingestellt. Unsere gesamte Infrastruktur besteht aus den Fähigkeiten, die irgendwann Menschen erfunden, gestaltet, produziert haben, weil sie die bislang begrenzten, körperlichen und geistigen Fähigkeiten von Menschen erweitert und damit externalisiert haben. Externalisiert zum Nutzen anderer Menschen, zum Nutzen der Gesellschaft. In der externalisierten Form menschlicher Fähigkeiten wirken diese Dinge und Verhältnisse auf die Gesellschaft zurück und gestalten sie aufgrund einer Eigendynamik, die weit mehr, unter Umständen völlig anders als gedacht, neue Bedingungen, Zwänge und Wünsche hervorrufen.

Diese Externalisierung menschlicher Fähigkeiten, die zunächst Handwerk, Bautätigkeit, Mobilität, Herrschaft ausweitete, fixierte und damit für alle Folgegenerationen verfügbar machte, geschah in analoger Weise auch auf geistig-intellektueller Ebene. Sprache, Schrift, Druck, Vervielfältigung, neue Medien stellen immer eine Externalisierung menschlicher, geistiger Fähigkeiten dar, die nicht mehr rückholbar ist.

Die Externalisierungen menschlich-individueller Fähigkeiten sind nicht rückgängig zu machen und entfalten ein Eigenleben, eine Eigendynamik im Prozess der gesamten gesellschaftlichen Entwicklung. Im Rahmen dieses Prozesses sind sie veränderbar, gestaltbar. Dieser Prozess verläuft nicht zufällig, sondern unter den Wirkungen und Bedingungen von Mächten, Kräften und Gegenmächten.

Während die geistig-intellektuellen und technischen Entwicklungen schnelle Fortschritte generieren aufgrund ihres real erfahrbaren Nutzens, bleibt der gesellschaftliche Prozess im Kampf, Ausgleich, Überwindung, Neuausrichtung gesellschaftl-icher Kräfte historisch langsam.

Eine Folge und ein Abbild dieser beiden verschiedenen Entwicklungsgeschwindigkeiten zeigen sich im Verhältnis und der Andersartigkeit der Wissenschaften, die sich auf diese Prozesse beziehen.

Es sind auf der einen Seite die Naturwissenschaften, die sich schon lange nicht mehr nur auf die Natur als quasi 'von Gott gegebene' externe Welt beziehen, berufen und sie gestalten. Sondern Gegenstand der Naturwissenschaften sind alle bereits externalisierten, geschaffenen Welten menschlicher Tätigkeit und Fähigkeit sowohl materieller, als auch geistiger Art. Physik und Chemie sind inhaltlich und methodisch Basis von Medizin, Informatik, Biologie, Neurologie geworden und damit von allen sich von dort ausbreitenden Forschungsfeldern.

Auf der anderen Seite stagnieren Gesellschaftswissenschaften wie Ökonomie und Soziologie und alle aus diesen hervorgegangenen Teilbereichswissenschaften. Diese setzen sich auseinander mit dem Prozess der gesellschaftlichen Entwicklung und dessen Dynamiken, die von den jeweiligen Kräfteverhältnissen der gesellschaftlichen Machtstrukturen abhängen. Diese Stagnation drückt sich aus in Innovationsmangel, vergleichbar geringerer gesellschaftlicher Attraktivität und in Ansehensverlusten.

Eine interessante Ausnahme hiervon stellt die Jurisprudenz dar. Durch den Zwang der ständigen Auseinandersetzungen zwischen den Institutionen der Rechtssetzung und der Rechtsprechung sind in diesem Wissenschaftsbereich Anpassungen an die Realität unumgänglich. Die Rechtswissenschaft war sich ihrer Abhängigkeit von den gesellschaftlichen Verhältnissen auch mehr oder weniger bewusst. Ihre Konzepte, Basisbegriffe und deren Wertungen stellten immer den Versuch dar, ein abstraktes, systematisch geordnetes Abbild der gesellschaftlichen Machtverhältnisse zu fixieren.

Die stagnierenden Wissenschaftsdisziplinen Ökonomie und Soziologie hingegen unterlagen immer der Versuchung, lediglich die Folgen, Auswirkungen und Zusammenhänge ökonomischen bzw. sozialen Handelns konzeptionell zu fassen mit den quantitativ-statistischen Methoden der empirischen Sozialforschung. Die Motive, Ursachen, Dynamiken dieses

Handelns wurden noch in den klassischen Theorien der Ökonomie (Smith, Marx, Keynes, Neoklassik, ...) und der Soziologie (Weber, Marx) thematisiert. Sie erscheinen mit dem Argument der ideologischen Befangenheit nur noch als Hintergrundnarrativ.

Diesen Nachteil gegenüber den Naturwissenschaften versuchen ökonomische und soziale Wissenschaftsdisziplinen wett zu machen und fungieren auf der politischen und medialen Bühne der gesellschaftlichen Dramatik als Moderatoren, Berater, Auguren und Orakel des Politkbetriebs, als Thinktanks. Als solche verfügen sie scheinbar kraft ihrer Zuordnung zur Wissenschaft als anerkannte gesellschaftliche Produktivkraft über die Fähigkeit, gültige und geltende Aussagen, Perspektiven und Prognosen zu generieren. Die Politik weiß das zu nutzen und unterlegt zunehmend ihre Entscheidungen mit dieser Art wissenschaftlicher Autorität.

Ein hervorstechendes Indiz für die Stagnation bei den Gesellschaftswissenschaften besteht darin, dass dank enorm gestiegener Computer- und Software-Leistung fast unbegrenzte Datenmengen verwaltet und ausgewertet werden können und damit die Möglichkeiten der Modellbildung hinsichtlich Ausmaß und Komplexität unendliche Forschungstätigkeit erlauben. Gesellschaftliche Gesamtentwürfe, oder –konzepte bleiben eine Sache von gestern und die Grundlagen, Zielstellungen der Modellbildungen bleiben angesichts der Realität aktueller Datenmengen undiskutiert im Dunkeln.

Im Hinter- und Untergrund der Gesellschaft entstehen im Zusammenhang mit dem beschleunigten Artensterben und den Klimaveränderungen jedoch Bedenken und Warnungen, die vielleicht weniger die technischen Errungenschaften betreffen, jedenfalls aber unseren Lebensstil in den dominierenden kapitalistischen Ländern. Dieser Lebensstil basiert auf der Verschwendung natürlicher Ressourcen durch weltweit verteilte Produktion, globale Verfügbarkeit durch billige Mobilität und schnelle Konsumption aller nur denkbaren Waren, die 'nice to have' sind und einer Müll-'Entsorgung' zu Lasten von Natur und armer Länder. Aus Gewohnheit, Bequemlichkeit und durch Wegschauen können wir dieses Leben auf der Sonnenseite des weltweit funktionierenden Kapitalismus nicht zur Diskussion stellen. Aber auch aus Angst, dass ein 'gestörter' Kapitalismus zurückschlagen könnte mit Krise und Chaos.

Es wird dringender, die weiter und tiefer gehenden Fragen zu beantworten: Wem und warum schadet möglicherweise technischer Fortschritt? In der weiteren Verfolgung dieser Frage kann man beginnen bei der oben genannten Feststellung in Yuval Hararis Buch 'Sapiens' wo er die revolutionäre Wendung des modernen, rationalen Denkens erkennt. Es ist "... *die begründbare Hoffnung der neu entstehenden Kapitalisten, dass ihre Investition profitabel wird. Damit wird das neue Ziel der Wissenschaftler, mehr zu Wissen, in eine Richtung gedrängt.*"

Diese revolutionäre Wende im gesellschaftlichen Denken steht aber nicht für sich allein. Sie korrespondiert mit dem befreienden Denken der Aufklärung, dass es das Individuum ist, das selbständig und unabhängig von Religion und Herrschaft rational denken soll und muss. Letzteres selbstverständlich mit Rücksicht auf seine Mit-Individuen und in einer allgemeinen, etwas diffus erklärten Verantwortung.

Es ist die abstrakte Verantwortung eines Individuums, das an der global und komplex funktionierenden Produktion und Reproduktion seiner Gesellschaft nichts mehr ändern kann.

Teilaspekte gesellschaftlichen Denkens

Sprache und Schrift

Ohne weitere Begründungen kann man feststellen, dass Sprache und Schrift elementare und allgemeinste Medien gesellschaftlicher Kommunikation sind. Beide Medien sind selbstverständlich spezifisch für jede Gesellschaft, für verschiedene Zeitalter, verschiedene Klassen und Schichten einer Gesellschaft. Als Medium werden Sprache und Schrift nicht nur passiv genutzt, sondern sind prägend für die Gesellschaft und ihre Individuen.

Die je spezifischen Formen, Inhalte von Sprache und Schrift, ihre Funktionen, Wirkungen, Prägungen stehen hier nicht zur Debatte. Entscheidend für meine Zielstellung ist der grundsätzliche Unterschied zwischen Sprache und Schrift, ihres Gebrauchs, ihrer Funktion, immer im Unterschied von individuellem Gebrauch und Funktion und gesellschaftlichem Gebrauch und Funktion.

Mit der (Zeichen)-Sprache als Medium verbinden sich Individuum und seine Gesellschaft. Diese Verbindung ist höchst komplex und nicht einfach eine Information und Informationsübertragung in nachrichtentechnischer Bedeutung.

Ursprünglich ist Sprache gegenüber Schrift ein kurzfristig existierendes Medium mit räumlicher Beschränkung. Im Rahmen technischer Möglichkeiten werden diese Unterschiede mehr und mehr aufgehoben und Konvertierungen in beide Richtungen ermöglicht. Für unsere Zwecke spielen diese Möglichkeiten keine Rolle.

Das bedeutet nicht, dass der gravierende Unterschied und Fortschritt, den die Menschheit mit der 'Erfindung' der Schrift und allen Übertragungsmöglichkeiten erreicht hat, vernachlässigbar wäre und keine Rolle spielte. Aber für das Thema dieses Textes ist allein relevant, das zu betrachten, was und wie Sprache und Schrift für die gesellschaftliche

Wahrnehmung, Kommunikation, ihr Denken, Fühlen und ihre innere Organisation und Befindlichkeit wirksam werden.

Selbstverständlich müssen wir dafür die grundsätzlichen Unterschiede von Sprache, Schrift, Bild, Video berücksichtigen und die Art, den Einsatz, die Menge und Geschwindigkeit der Medien bedenken. So gewaltig in ihren Unterschiedlichkeiten und Funktion Sprache und Schrift sich von den Anfängen bis heute entwickelt haben, ist immer ein Aspekt von Bedeutung geblieben: alle Formen von Äußerungen unterscheiden sich darin, ob sie von bzw. für den individuellen Fall gelten oder gedacht sind oder die Gesellschaft Urheber bzw. Empfänger ist.

Nicht zufällig wird Geschichte und ihr Beginn mit den ersten fixierten Äußerungen von Gesellschaften festgelegt. Diese sind zwar immer individuellen Ursprungs, sind jedoch für Wissenschaft und 'unsere' Geschichte zur Bedeutung geworden. Ganz sicher eine andere Bedeutung als sie es für die ursprüngliche Gesellschaft darstellte.

Im Sinn von Bedeutung sind Sprache und Schrift auch der Ursprung abstrakter Begriffe, die nur im Rahmen einer Gesellschaft verstanden werden.

so gesehen sind Sprache und Schrift in ihren je aktuellen Ausprägungen für das Thema dieses Buches die konkreteste Verbindung, um die Unterschiede von gesellschaftlicher und individueller Kommunikation, Verständigung, Denken und Fühlen aufzuzeigen.

Vergleichen wir zwei völlig auseinander liegende Darstellungen, Informationen:

- Steinzeitliches Jagdmotiv auf einer Höhlenwand.

- Ankündigung eines Supercomputers durch Elon Musk auf X.

Wichtig in beiden Fällen sind für unsere Belange diese Gemeinsamkeiten:

- dass die 'Sache' von vielen Individuen wahrgenommen werden kann und sie nicht 'in den leeren Raum' gesprochen wurde.

- dass jede/jeder eigene Bedeutung(en) bei der Wahrnehmung der 'Sache' erzeugt,

- dass es eine gemeinschaftliche 'Betroffenheit' gibt, die in der 'Sache' liegt, die geteilt werden kann oder verstört und zu weiteren Äußerungen führt,

- dass die 'Sache' aufgenommen, bearbeitet, verändert werden kann, was ihre allgemeine Bedeutung betrifft,

- dass Handlungen, Reaktionen aus der 'Sache' folgen, eingeschlossen Nicht-Handlungen, Ignorieren, Widerstand.

Mit diesem Beispiel und der Ebene, die mit diesen Gemeinsamkeiten erscheint, werden im Folgenden Einzelthemen angesprochen, die zu jeder Zeit eine Bedeutung im gesellschaftlichen Denken und Fühlen hatten.

Narrative

Solange man sich mit Fortschritt beschäftigt, blickt man nach vorn. Selbst, wenn darüber diskutiert wird, was denn Fortschritt ist und wie immer schneller sich unsere Welt(vorstellung) dreht, blicken wir erst zurück, wenn wir vergleichen müssen – und der Vergleich geht nur mit der eigenen Vergangenheit und da, wo sie uns anderen Orts entgegen tritt.

Um beim Thema zu bleiben: Gesellschaften haben ein jeweils eigenes Szenarium aufgebaut und gelebt, in dem sie sich selbst, ihre Geschichte nacherleben. Es sind die so genannten Narrative, Erzählungen, von denen keiner weiß und auch nicht wissen muss, wann und warum sie entstanden sind.

Die kurze, einführende Beschreibung des Begriffs bei Wikipedia ist aufschlussreich: "*Als Narrativ wird seit den 1990er Jahren*

Zentral an dieser Begriffsdefinition ist, dass einer Erzählung eine Legitimität zukommen muss, um als Narrativ gewertet zu werden. Diese Legitimität resultiert aus dem Fundus, den uns die Gesellschaft, ihr Denken und Fühlen zur Verfügung stellt. Man könnte so weit gehen und sagen, dass das gesamte Denken und Fühlen der Gesellschaft aus Narrativen besteht. Dem widerspreche ich, denn – wie im 1. Teil des Buchs angedeutet, sind Institutionen der Bildung, der Wissenschaft, Politik, Kultur, Ökonomie etc. vollauf damit beschäftigt, das Denken der Gesellschaft auszudrücken, zu formen, zu beeinflussen. Bei diesem Prozess spielen Narrative eine wichtige Rolle. Noch wichtiger sind die Rollen und Funktionen der Institutionen, die den Zusammenhalt, das Funktionieren lebensnotwendiger Tätigkeiten der Gesellschaft regulieren.

Was wäre der Unterschied zwischen Narrativ und Vorurteil? Denn, wie obige Definition andeutet, sind Werte und Emotionen Bestandteil von Narrativen ebenso wie von Vorurteilen. Der Hauptunterschied ist tatsächlich ein gradueller. Ich behaupte, dass Vorurteile durchaus als Brocken und Bruchstücke aus Narrativen individuell gewonnen und in diesen Stücken individuell 'verdaut' und wieder gegeben werden. Letzteres gilt auch für positiv überhöhte Wert- und Vorurteile.

Mit dieser Behauptung möchte ich auf einen Unterschied zwischen individueller und gesellschaftlicher Wahrnehmung und Aneignung von Realität aufmerksam machen. Hauptquelle der individuellen Wahrnehmung ist nach wie vor das 'Hörensagen' – trotz der erdrückenden Überflutung durch Bildinformation. Unabhängig von Informationsformen müssen individuell die 'wichtigen' Informationsbruchstücke eingeordnet werden, wenn sie – in welcher Hinsicht und Verformung auch immer – wieder erinnert, genutzt, weiter gegeben werden. Die individuelle Einordnung geschieht im Rahmen der bisherigen, persönlichen Erfahrung und einer Art schlüssiger Adaption passend zur individuellen emotionalen Verfassung.

Die gesellschaftliche Form der Aufnahme, Verarbeitung und Erinnerung ist völlig verschieden von diesen dazu analogen, individuellen Verfahren. Die gesellschaftliche Form ist die der Narrative. Einer uralten Form des menschlichen Zusammenseins und des Erzählens. **Die gesellschaftlich verarbeitete und dort verdichtete Weitergabe von bedeutsamer Realität und allgemein nützlicher Erfahrung, Motivierung und Bewertung kann von Individuen als Ganzes aufgenommen und weitergegeben werden.**

An dieser Stelle kommt die Wirkung prominenter und als kompetent angesehener 'Erzählpersonen' ins Spiel. Einem Spiel, dessen Regeln und Grenzen auch heute noch wirksam sind. Die in der obigen Definition von Narrativ genannte Legitimität, also Vertrauenswürdigkeit bis hin zur Alternativlosigkeit beruht auf der Überzeugungskraft und Glaubwürdigkeit der Personen, die sich in der Erzählposition befinden.

Zur Klarstellung: ich beanspruche nicht, eine Neu- oder Umdeutung des soziologischen Begriffs 'Narrativ' zu geben. Vielmehr möchte ich den 'landläufig' verstandenen Begriff 'Narrativ' anwenden, um den Unterschied zwischen individueller und gesellschaftlicher Aneignung von Realität zu verdeutlichen. Denn trotz der hoffentlich erkennbaren Unterschiede geht es in beiden Fällen um Realitätsaneignung, um Erinnern, Vermittlung, Bewertung von Information, die immer relevant sein muss, um überhaupt aufgenommen und verarbeitet zu werden. Bereits die Relevanz ist für das Individuum und seine Gesellschaft verschieden, wenngleich nicht unabhängig von einander.

Riten und Mythen

Beides begründet Gesellschaft von Anfang an. Sind die Mythen der Ursprung aller Narrative, so können wir mit gleichem Recht in den Riten der Völker und Kulturen die Urform dessen erkennen, was man heute als Lifestyle der Gesellschaft bezeichnen könnte.

Dieser letzte Satz und seine Behauptungen sind selbstverständlich eine grobe Verallgemeinerung, sind letztlich falsch oder können zu falschen Schlüssen führen. Was ich mit Stichworten wie Riten, Mythen, Narrative, Folklore, Tradition, Lifestile ausdrücken möchte, ist die Tatsache, dass gesellschaftliches Denken und Fühlen sich immer auch materiell, erkennbar manifestiert.

Nur um mit wenigen Stichworten das Szenarium zu präsentieren, um das es hier geht: die wiederkehrenden Feste des Jahreskreises – immer noch nicht vollständig gelöst von ihrer meist religiösen Vergangenheit. Der Kreislauf des Lebens von der Wiege bis zur Bahre gefeiert und begangen mit Gewohnheiten und Zubehör, die in deutlicher Prägung, Uniformität und rituell durch die Warenwelt reproduziert werden.

Beim Kreislauf des Lebens geht es keineswegs nur um das freudige Ereignis der Geburt und Trost und Trauer beim Sterben. Alle Stufen des Einstiegs, Aufstiegs und Niedergangs, vom Schuleintritt bis Schulende, vom Eintritt in die Welt der Erwachsenen bis zur Befreiung von Arbeit und Mühe mit dem Eintritt ins Rentenalter, alle Jubiläen sind in der Gesellschaft kulturspezifisch verankert. Sie vermitteln (Mit)Gefühle, Verhaltenskodex und verdeutlichen in ihrer Weise den gesellschaftlichen Zusammenhang.

Es ist bekannt, welche Hindernisse, Probleme und Rückschläge sich revolutionäre Umstürze eingefangen haben, wenn sie an diesen Riten rüttelten oder sie nur herabwürdigten. Geschickter waren diejenigen Revolutionäre, die vorhandene Riten durch

Umdeutung adaptierten. Noch vor Gewaltanwendung ein Mittel und Grund, weshalb die römisch-katholische Religion weltweit ihre Positionen ausweiten und festigen konnte.

Sicher gilt auch: die Kräfte dieses Zusammenhangs sind schwächer geworden. Es gibt auch die gelebte Freiheit des Individuums, von allen gesellschaftlichen Normen abzuweichen, ihnen zuwider zu handeln und sie zu bekämpfen. Aber alle Erwachsenen, die Kinder 'großziehen' sind dankbar für alle öffentlich begangenen Feiern und Riten, die den Alltag auflockern und mit ihrem Einsatz sind sie bereits dabei, den jeweiligen Ritus zu perpetuieren.

Perpetuieren bedeutet dabei keineswegs in Form einer Endlosschleife. Riten leben mit den Gesellschaften, werden übernommen aus anderen Zusammenhängen, anderen Kulturen, wachsen und schwinden mit den in ihnen verpackten Zwängen, Wünschen, Bedürfnissen. Auch die mit Riten verbundenen Opfer, Wünsche, Geschenke und verändern sich. Allerdings sehr viel langsamer und in Abfolgen, die zum gleichsam rasenden Leben und 'Fortschritt' als Erholung für Besinnung und zum Rückblick einladen. Leider hat der Kapitalismus mit seinem unstillbaren Verlangen, alle Lebensbereiche aufzusaugen und als Waren wieder auszuspucken, sich auch der gesellschaftlichen Riten, Feiern, Traditionen, Opfergaben und Geschenke bemächtigt.

Dem Grundbedürfnis nach Riten konnte er sich nicht entziehen. Genauer muss man sagen: die unwiderstehliche Gewalt des Kapitalismus besteht gerade darin, nicht Widerstände aufzubauen, sondern wie z.B. menschliche Grundbedürfnisse bis zur Unkenntlichkeit zu adaptieren und sie als frei für eine zahlungsfähige Nachfrage anzubieten. Am besten im Überfluss und in immer wieder alten und neuen Formen.

Mit diesen kritischen Bemerkungen sind wir bei einem weiteren Aspekt des gesellschaftlichen Denkens und Fühlens.

Bedeutungshierarchien

So wie Narrative und Gebräuche auf Urformen gesellschaftlicher Kommunikation verweisen, so verweist ihre Überformung durch die Gesellschaftsformation – hier des Kapitalismus – auf eine Hierarchie des gesellschaftlichen Denkgebäudes. Man könnte mit dem Bild des Gebäudes statt Hierarchie auch von einer komplexen Architektur des Denk- und Gefühlsraums sprechen.

Der Gesellschaftsform würde dabei die Rolle der Basis zukommen, wenn es um elementare, grundlegende Verhältnisse geht, die quasi natürlich gewachsen und gefestigt sind. Andererseits wäre auch der Begriff Überbau aufschlussreich, da von marxistischer Seite sich mit dem Begriff des 'ideologischen Überbaus' bereits ein Denkraum anbietet, in dem mit Begriffen wie Freiheit und Demokratie, freie Wirtschaft, Freihandel, Lieferketten, Arbeitgeber, Arbeitnehmer, Arbeitsmarkt, Kapital und Arbeit, Angebot und Nachfrage, … unhinterfragt umgegangen wird.

Ein weiteres Stockwerk kann man in dieses Gebäude einziehen, wenn man den langen Prozess der Herausbildung von Nationalstaaten bis zum UNO-Stand von 193 Mitgliedern für jeden einzelnen Staat, seine Geographie, seine Völker, seine Geschichte und Kultur als Großraum gesellschaftlichen Denkens und Fühlens gelten lässt.

Beide Ebenen, Gesellschaftsformation und Nation bilden Kernräume des Denkens, Fühlens und Sprechens, aus denen sich Individuen nur sehr schwer entfernen können. Zumal sie in der Regel die aus Raum- und Zeitgründen beständigste Begleitung der Individuen darstellen. Denkgewohnheiten, Gefühle und Begriffswelt, die in diesem Rahmen verstanden werden, bleiben oft unbewusst.

Der gesellschaftliche Denkraum der Nation als historisch neuester und damit 'künstlicher' als Sprache und Religion bietet beste Voraussetzungen, um Nationalismus zu promovieren. Letztlich sind es ethnische, religiöse, sprachliche Unterschiede, die für Manipulation einer Gesellschaft ebenso tauglich sind, wenn sich nationale nicht automatisch anbieten.

Unterhalb dieser beiden Ebenen ordnen sich Individuen flexibel den Klassen und Schichten zu, die sich aus ihren Lebenssituationen ergeben.

Achtung! Wenn hier von Klassen und Schichten die Rede ist, handelt es sich nicht um marxistisch/soziologische Kategorien und Begriffe. Vielmehr sind damit umgangssprachlich geformte und genutzte Schichten- und Milieuunterschiede gemeint, mit denen man sich selber und seine Mitmenschen quasi sorglos und unverbindlich einordnet wie z.B. (oberer/unterer) Mittelstand, einfaches Volk, Ausländer, Migranten, öffentliche Personen, Kosmopoliten, Hilfsarbeiter, Servicekräfte, Selbständige,...

Bei dieser individuellen Zuordnung spielt die räumlich-zeitliche Entfernung zur gemeinten Gruppe eine wichtige Rolle. Also Nachbarschaft, Verwandtschaft, Altersklasse,...

Und jenseits dieser Entfernungsdimensionen sind es Bildungsstand, Beruf/Funktion, Einkommen, ...

Mehr als die genannten drei Bedeutungsebenen des gesellschaftlichen Denkens dürfen an dieser Stelle nicht ins Spiel kommen. Denn es geht nicht darum, das individuelle Denken und Fühlen aus dem gesellschaftlichen abzuleiten, wie es auch unzulässig wäre, aus der statistischen Verteilung der individuellen Denkräume das gesellschaftliche Denken zu erklären. Beides würde dem dialektischen Verhältnis von Individuum und Gesellschaft entgegenstehen. Beide sind verschiedene, lebendige Organismen mit Lebenswelten, die zwar untrennbar zusammenhängen, aber unterschiedliche Prozesse durchleben und Dynamiken entfalten. Letztere sowohl gegenläufige wie auch verstärkende oder belanglose.

Wenn hier also von Orientierungen, Einordnung des Individuums gesprochen haben, dann immer in der Absicht, zu zeigen, dass es gesellschaftliche, reale, Denk- und

Orientierungskategorien sind, in die Individuen sich und Andere aktiv und passiv 'einpassen'.

An den aktuell im öffentlichen Diskurs verhandelten Themen des 'Genderns', der Diskriminierung von Minderheiten, der 'kulturellen Aneignung', des Phobismus jeder Art zeigt sich der gesellschaftliche Druck und herrschende Moral so wie sie schon immer bestimmend für die individuelle Einordnung und Ausdrucksweise des Individuums waren. Neu daran sind lediglich die Schärfe und der Furor, mit der die Auseinandersetzungen geführt werden. Letzteres nur der Beweis dafür, dass es sich um Regeln handelt, die neu, nicht selbstverständlich oder willkürlich sind.

Kunst und Kultur

Ein prägendes 'Geschoß' in dieser Architektur des gesellschaftlichen Denkens und Fühlens stellen selbstverständlich alle Künste und das dar, was man überhaupt unter Kultur subsumiert. Wobei Kultur nicht nur Ausdruck gesellschaftlichen Denkens und Fühlens ist, sondern zugleich Medium, Bühne und Zuschauerraum und das für Zeiten und Stimmungen des Aufbruchs und Fortschritts, der Depression, für Streit und Versöhnung, Krieg und Frieden.

In eindrücklicher Weise wurde in der Berliner Neuen Nationalgalerie für die Sparte bildende Künste dieser Zusammenhang, diese Funktionen von Kultur in der Ausstellung 'Kunst und Politik' ausgedrückt, sichtbar und nachfühlbar gemacht für die lange Periode 1945 bis heute für das geteilte und vereinigte Deutschland[21].

---

[21] Neue Nationalgalerie: Zerreißprobe. Kunst zwischen Politik und Gesellschaft, Sammlung der Nationalgalerie 1945 – 2000
18.11.2023 bis 28.09.2025

Schuld und Sühne

Wenn wir bei der Aufschlüsselung der gesellschaftlichen Denkräume und ihrer Gefühlswelt sind, kann man nicht vorbei gehen an schweren Verbrechen und problematischen Zeiten einer Gesellschaft, die als Trauma in ihrer Geschichte zurück geblieben sind und bis in ihre Gegenwart wirkmächtig bleiben. Diese Zeiten und Ereignisse gibt es bei Gesellschaften in der Täter- und Opferrolle.

Auch hier benutzen wir wieder einen Begriff, der aus der Psychologie des Individuums stammt und doch in ganz anderen Formen und Wirkungen als gesellschaftliches Phänomen auftritt.

Lediglich als Beispiel führe ich vor Augen etwa die Landnahme der Siedler Nordamerikas und die damit einhergehende Vernichtung ganzer Indianerstämme. Oder die Organisation des Sklavenhandels durch die führenden Kolonialimperien. Oder den Holocaust, die geplante, fabrikmäßig, institutionell organisierte und unterstützte Ermordung der europäischen Juden durch die deutsche Gesellschaft. Diese Formulierung "Ermordung durch die deutsche Gesellschaft" und nicht etwa "durch die Nazis" oder "durch das nationalsozialistische Deutschland" ist entscheidend. Diese Formulierung betont die Verantwortung der gesamten Gesellschaft und nicht etwa die unpersönlich gehaltenen "Nazis" oder das Neutrum "Deutschland"

Oder als Beispiel für Völkermord und Trauma, weniger bekannte, zeitlich und räumlich begrenzte Schreckensereignisse wie die im Osten Kongos in Folge des Genozids in Ruanda beobachteten Massentraumatisierungen. Oder die Schockfolgen der Terrorangriffe auf die Twin-Tower in New York, die politisch verglichen werden mit dem Terrorausbruch der Hamas aus dem Gaza-Streifen 2023.

Diese und viele weitere Beispiele berühren die Frage der Schuld und Sühne ganzer Gesellschaften. Auch an diesem Punkt wird sehr deutlich, dass dies nichts mit Schuld und Sühne Einzelner oder auch einer ganzen Gruppe von Individuen zu tun hat, denen konkrete Straftaten nachgewiesen werden können.

Immer hat sich die ganze Gesellschaft – wie in den Beispielfällen - schuldig gemacht. Nur an wenigen Stellen wird dieser Unterschied zwischen individuellem und gesellschaftlichem Trauma überhaupt angesprochen.[22] Die oft so bezeichnete und untersuchte kollektive Traumaerfahrung berührt dabei eher Probleme, wie individuelle Traumaerfahrungen, die über Generationen an die Gesellschaft weitergegeben werden. Auch Fragen, wie eine Gesellschaft Trauma-erzeugend sein kann, werden diskutiert.[23] Fast immer ist in diesen Abhandlungen der Ausgangspunkt der individuelle Mensch, dessen Erlebnis, dessen Verarbeitung. Ebenso überwiegt die Opferperspektive. Im Fall der Täterperspektive bei einem gesellschaftlichen, kollektiven Trauma ist die Herangehensweise noch komplexer als im individuellen Fall. Dort kann die Problematik der Schuldeinsicht, der Sühne, ggf. der Aussöhnung konkreter angegangen werden.

Was bedeutet denn Schuldeinsicht, Schuldbewusstsein oder Aussöhnung auf gesellschaftlicher Ebene?

Im Fall von Deutschland und dem Holocaust schien der Fall einfach: es gab Sieger, die die Schuld aufdeckten und großen Teilen der Bevölkerung die Schuld aufzeigten, Verantwortliche bestraften und dann zur Tagesordnung übergingen. Erst eine Generation später gab es die ersten Verfahren von deutscher Seite gegen einzelne Schuldige und länger danach eine gespenstische Diskussion um Erinnerungskultur.

---

[22] wie z.B. in Kemper, Andreas: Gesellschaftliches Trauma. Zur sozialen Weitergabe und Akkumulation von Traumata in der Gesellschaft, 2012
https://andreaskemper.org/article/gesellschaftliches-trauma-8bgikaqot3ts-181/
[23] D. Vyssoki, A. Schiirmann-Emanuely, Zur sozialen Weitergabe und Akkumulation von Traum,und Psychotraumatologie

Dass erst die nächste Generation bereit war, Fakten aufzudecken und Zusammenhänge öffentlich zu machen – daran änderte auch nicht ein Schuldbekenntnis wie das der Evangelischen Kirche in Deuschland (EKD) 1945, das zudem von außen, dem Weltkirchenrat, vor einer weiteren Zusammenarbeit gefordert wurde.

Immerhin wird der mögliche Fall eines kollektiven, gesellschaftlichen Traumas von Fachleuten deutlich abgegrenzt zum individuellen Fall. Es wird gewarnt vor leichtfertiger Übernahme des Trauma-Begriffs aus der Individualpsychologie und die Thematik wird aus der Sozialpsychologie in die Soziologie verschoben.

Die Schwierigkeiten bei der Anerkennung und Verarbeitung gesellschaftlicher Traumata bleiben groß, obwohl die Notwendigkeiten zahlreich vor der Tür liegen mit großen Unterschieden bei Ursachen, Umständen, Beteiligten und sehr wechselhafter Geschichte. Das macht allein eine kaum abschließbare und hier nur angedeutete Liste gesellschaftlich durchgemachter Schrecken deutlich:

Holocaust / Shoah

Stalinära in der Sowjetunion

Chinesische Kulturrevolution

Südafrikanische Apartheid

Palästinensische Nakba

Herrschaft der Roter Khmer in Kambodscha

Armenische Vertreibung

Kolonialismus und Kolonialkriege

Bürgerkriege Spanien, Nordirland, Jugoslawien, …

Eine Liste der Schrecken, die große Naturkatastrophen erzeugten, wäre kaum kürzer. Diese werden vom historischen Gedächtnis der betroffenen Gesellschaften ganz anders eingestuft und verarbeitet, obwohl sie durchaus nachdrücklich das Denken und die Gefühle einer Gesellschaft prägen können.

Wichtige Indizien in den Fällen, in denen gesellschaftlich verursachte Schuld zu gesellschaftlich bewusster Bearbeitung gefunden hat, sind materielle Manifestationen wie Gedenkstätten, Denkmäler, Museen, Institutionen. Diese verkörperten Insignien der Schuld. Sie bergen gleichzeitig in sich eine Versuchung. Sie können als Sühnezeichen stehen und bildlich und materiell zum Ausdruck bringen: "Seht her, wir stehen zu unserer Schuld, vergebt uns!" Sie können aber auch nicht nur nach innen gerichtet mit der Botschaft dastehen: "Wir sind jetzt geläutert! Was wollt ihr noch?"

Hier zeigt sich der drastische Unterschied zwischen individueller und gesellschaftlicher Schuld. Mit dem Tod des Individuums ist auch die Schuld beendet, während sie bei der Gesellschaft fortlebt, wobei sie ihren Charakter durchaus variiert im Prozess des Übergangs in die Geschichte.

Im Kapitel 'Wessis und Ossis im vereinten Deutschland' wird das Thema 'Moral' noch einmal aufgenommen, wenn es um die moralisch unterschiedliche Bewertung bei der 'Aufarbeitung' von Diktaturen geht.

Politik und Moral

Neben Wahrnehmung und Denken sind im individuellen Fall vielfältige motivationale Faktoren lebendig, die das Handeln beeinflussen, es in die Richtung bringen, die dem Gesamtresultat dienlich sind. Als Gesamtresultat hatten wir die Orientierungsnotwendigkeit heraus gestellt, die gleichzeitig auch eine gewisse Eindeutigkeit ausformt, die in der Vielfalt der Wirklichkeit, wie sie dem Individuum begegnet, reale Handlungsoptionen ermöglicht.

Derartige motivationale Faktoren sind im analogen Fall der Gesellschaft ebenfalls wirksam. An bedeutender Stelle ist der Faktor 'Moral' wirksam. Einem Begriff, dem vollständig andere

Bedingungen, Ursachen, Wirkmechanismen zukommen als demselben Moralbegriff wie er für Individuen gilt. Was dieser eine Begriff für die beiden völlig unterschiedlichen Lebens-Entitäten 'Gesellschaft' und 'Individuum' bedeutet, muss sorgfältig unterschieden werden. Es muss aber auch klar gestellt werden, warum diese Begriffsidentität existiert.

Wenn individuelles Handeln vom Orientierungsbedürfnis, von Motiven, Interessen gesteuert wird, wie uns die Psychologie erklärt, dann fehlt als Analogie eine ebenso fundierte Erklärung für gesellschaftliches Handeln, das ich hier mit dem Begriff 'Politik' gleichsetze.

Ohne Frage agieren Gesellschaften, Staaten untereinander und miteinander ebenfalls auf der Grundlage ihrer Kultur, ihrer Geschichte, ihrer Notwendigkeiten und Interessen. In erster Linie werden ökonomische Interessen, verfassungsrechtliche und gesetzliche Grundlagen, historisch gewachsene Verbindlichkeiten, Zusammenhänge und Abhängigkeiten genannt, wenn Politik erklärt wird. Andererseits ist es keine neuartige Erkenntnis, dass Gesellschaften und Staaten untereinander und miteinander ihr konkretes Handeln begründen mit moralischen Normen und Werten, von denen die so genannten westlichen Werte, die ganz oben auf der Rangskala stehen, nur aktuell dominieren, weil sie als politisches Kapital funktionalisiert werden.

Ob die Barbaren des Römischen Imperiums befriedet und zivilisiert werden mussten, ob Heiden bekehrt und ihre grausamen Bräuche ausgetilgt werden mussten, ob es religiöse oder rassische Werte waren, die den eigentlichen Machtfragen unterlegt wurden, stets mussten übergeordnete, moralische Werte politisches Handeln rechtfertigen.

In jedem Krieg mussten Feinde nicht nur definiert und vom eigenen Bevölkerungskörper abgegrenzt werden aufgrund ihrer realen Bedrohung und ihrer politisch-militärischer Ziele. Feinde mussten zusätzlich mit moralischen Begriffen als das Feindliche, Böse charakterisiert werden, weil diese Kategorien die eigenen

Kräfte zusammen hielt und stärkte – mehr als jede rationale Erklärung.

Die europäische Aufklärung hat das Wunderwerk vollbracht, rationale und ethisch-moralische Werte gegenüber allen bisher bekannten Werten – insbesondere jenen religiösen Ursprungs - in einer nach oben geschlossenen Werteskala gemeinsam an die Spitze zu setzen. Das war nicht nur für die europäischen und von Europäern unter Missachtung dieser Werte eroberten Regionen dieser Welt ein großer Fortschritt. Denn mit dieser absoluten Position wurden die Rechte *aller* menschlichen Individuen in der Form der allgemeinen Menschenrechte auch absolut begründbar. Zwar dauerte es noch lange und der Prozess ist keineswegs abgeschlossen. Es hapert manchmal, wenn es z.B. um Menschen geht, die auch Flüchtlinge sind, dass diese Rechte tatsächlich *allen* Menschen zukommen sollen.

Das langsam entstehende Völkerrecht versucht dasselbe Wunderwerk zu vollbringen und das Handeln, die Politik der Gemeinschaft aller Völker und Staaten untereinander auf der Basis zwar nicht absoluter aber weitgehend geteilter Werte und Rechte zu regeln. Das größte Hindernis bei diesem Versuch liegt in der Tatsache, dass viele Völker keine Staaten sind bzw. viele Staaten unterschiedliche Völker 'beherbergen' – um nicht zu sagen beherrschen.

Bei dieser rein formalen Analogie bzw. Gegenüberstellung von Menschen und Völkern, also Gesellschaften ist das genannte Hindernis, dass Völker und Staaten (und deren Bündnisse und Föderationen, also Völkerrechtssubjekte) nicht einfach bestimmt werden können – anders als bei Menschen - bei weitem nicht das schwierigste. Die scheinbar absolute Position rationaler und ethisch-moralischer Werte auf der einen Seite der Analogie – also bei einzelnen Menschen – ist nicht gerade stabil, auf der anderen Seite der Analogie – bei Staaten – existiert sie in vielen Fällen gar nicht.

Man kann sagen: während man bei einzelnen Menschen vom Machtfaktor noch absehen kann, um ihre Rechte zu fixieren, funktioniert das bei Völkern und Staaten nicht. Zwar kann man anführen, dass es doch gelungen sei, den Machtfaktor innerhalb von Staaten und Völkern so zu regeln, dass Maßstäbe und Grenzen der Macht und ein systematischer, praktizierbarer Wechsel der Mächte und ihrer Repräsentanten in demokratischen Systemen gefunden wurde. Warum sollte das im internationalen Gefüge nicht auch möglich sein?

Diese Argumentation und Hoffnung schwinden zusehends, wenn Atommächte globale Zerstörung als ultima Ratio ihrer Machtgeltung anführen können. Das bekannte Gleichgewicht des Schreckens bei nur zwei real existierenden relevanten Atommächten war stabil genug, solange Gespräche, Abrüstungsverträge möglich waren und verantwortungsvoll wahrgenommen wurden. Verantwortungsvoll, weil gleichzeitig vertrauensbildende Maßnahmen eingeleitet wurden.

Gleichwohl war es behaftet mit einer beständigen Schreckensdrohung, die in mehreren Fällen kulminierte. Dieses binäre System der internationalen Beziehungen existiert seit 30 Jahren nicht mehr und die Chance, aus der Veränderung heraus, ein neues System zu etablieren wurde nicht nur nicht genutzt, sondern bewusst vertan. Die neue Situation und das Faktum ist die Existenz mehrerer Machtzentren, die mit unterschiedlichen Möglichkeiten und Mitteln ihre Machtbereiche zu sichern suchen. Diese Intention wird den Mächten von der neorealistischen Richtung der Außenpoliik um J. Mearsheimer und Anderen. zugebilligt.

Genau an dieser Stelle kommt die Moral ins Spiel, von der die neorealistische Richtung keine Kenntnis nimmt und Moral überhaupt als Kriterium des Handelns und also der Politik ablehnt bzw. ablehnen muss, weil es sonst mit dem Realismus wirklich schwierig wird.

Auch Egon Bahr als einer der Stararchitekten der Brandt'schen neuen Ost- und Entspannungspolitik wird kolportiert, dass er Schülern erklärt haben soll, dass sie schnell den Raum verlassen sollten, wenn von Moral in der Außenpolitik die Rede ist.

Nicht erst mit dem Ukrainekrieg stehen wir aber vor der Situation, dass im Wesentlichen über Moral gesprochen wird.

Die Schuldfrage ist beantwortet. Anders als bei bisherigen Kriegen, die wie jeder Krieg immer und ohne Ausnahme dem Terror und Verbrechen Tor und Tür öffnen, wird dieser Krieg durchweg mit dem Adjektiv verbrecherisch gekennzeichnet. Informationen über den Krieg führen in drastischen Bildern den Menschen eindrucksvoll das Leiden der vom Krieg Betroffenen vor Augen. Anders als im Irak-Krieg werden nicht mehr gespenstische Nachthimmel über fern liegende bombardierte Städte gezeigt.

Es geht vor allem darum, dass man und wie man den Krieg mit Waffen so befeuern kann, dass die moralisch bessere Seite vielleicht doch gewinnt. Es geht auch darum, nicht als Zögerer oder Feigling da zu stehen. Der Feind wird wahlweise als Ungeheuer, Psychotiker, Machtbesessener geschildert und seine Untertanen sollten – falls sie das nicht so sehen – wie dieser bestraft werden. Entschuldigend für die Untertanen zählt, dass sie vor lauter Feindpropaganda die Wahrheit nicht erkennen können und sie eigentlich gegen ihre Führung, unseren Feind, aktiv werden müsste. Auch bei der eigenen Propaganda ist es besser, abweichende Stimmen als entspannungssüchtig und verständnisseelig zu kennzeichnen, was ja nur dem Feind in die Hände arbeitet.

Für die Mühsal, die der eigenen Bevölkerung wegen der notwendigen Bestrafung des Feindes bevorsteht, wird an ihre Tugend und Solidarität appelliert. Die Hilfen für hunderttausende von Ukraineflüchtlingen werden von staatlicher wie privater Seite aufgebracht ohne eine Diskussion über Obergrenzen und die Belastung der Sozialsysteme.

Der Krieg führende Feind möchte partout seinen Krieg nicht Krieg nennen. Im Fall von Afghanistan dauerte es immerhin mehrere Jahre, bis man so weit war, einen Militäreinsatz als Krieg zu benennen und von Invasion war sowieso nie die Rede. Es geht um Moral, Beschönigung, um Gut und Böse und die

Hoffnung, dass der oder das Gute siegt – wie auch immer ein Sieg aussehen könnte.

Diese, meine Darstellung der Moralseite des Diskurses zum Ukrainekrieg mag zynisch sein. Weil berechtigte, gefühlte und geteilte Werte von vielen Menschen unseres Landes als von Politik und Medien funktionalisiert, aufgesetzt, benutzt oder gar missbraucht dargestellt werden.

Ziel dieser Darstellung ist es ganz im Gegenteil, mit der provozierenden Darstellung der moralischen Aufladung des Ereignisses Ukrainekrieg dafür zu werben, dass Moral von der Politik nicht ausgeklammert, nicht abgesondert werden kann und sie im Gegensatz stehen könnte zur rationalen, begründeten Bewertung der einzelnen Handlungen, Interventionen, Maßnahmen und Informationen. Ich halte moralische Kategorien für wirksamer als rationale Begründungen und vernünftige Analyse. Was nicht heißen soll, dass sie besser sind, aber sie sind nicht von einander zu trennen.

Den Vietnamkrieg haben die USA trotz ihrer militärischen Hochrüstung aus moralischen Gründen verloren. Die NATO Osterweiterung war trotz gegenteiliger Versprechungen so nahe liegend, weil fast alle Staaten des früheren Warschauer Vertrags *lieber* der NATO beitreten wollten. Der kalte Krieg ging für die Sowjetunion verloren, weil ihre Angebote und Segnungen gegenüber den Angeboten und Segnungen des kapitalistischen Westens nicht mithalten konnten. Andererseits konnte die russische Oktoberrevolution gegen überwältigende Gegenkräfte nur siegen, weil ihre moralischen Kategorien und Ziele nicht nur Russland, sondern ganz Europa aufwühlten. Die Befreiungsbewegungen der afrikanischen Völker gegen die Kolonialmächte waren aus moralischen Gründen erfolgreich, trotz aller erkennbaren chaotischen, kriegerischen, misswirtschaftlichen Zustände. Diese Liste der historischen Ereignisse und Ergebnisse, in denen der moralische Aspekt der Trumpf für den erfolgreichen Ausgang war, lässt sich beliebig verlängern.

Wenn Politik realistisch sein soll, dann kann und darf sie nicht von Moral absehen. Aber was heißt das? Was heißt das insbesondere, wenn die Feinde die eigenen Werte nicht teilen oder nicht mehr teilen? Reicht es, sie dann auszusperren, zu bestrafen, weil sie verrückt sind? Das reicht nur, wenn sie schwach sind. Anderenfalls könnten sie zurückschlagen. Wären sie schwach, hätte man sie ja bereits im Vorfeld erledigen können.

Meine Behauptung bleibt. Diese besagt, dass Moral aus jeder Politik nicht ausgeklammert werden darf, weil sie bestimmend ist. Andererseits ist Moral nur stark, wenn man seine Bataillone hinter ihr vereinigen kann – und das dauerhaft. Bricht man selber eigene Werte und Moral an anderer Stelle gerät sie leicht zum Gegenfeuer des Feindes, der seinerseits die eigene Moral hochhält. Der ideologische Schlagabtausch gerät dann zu einem Krieg mit den Lügen und der heuchlerischen Doppelmoral des jeweiligen Gegners.

Der völkerrechtswidrige Krieg der NATO gegen 'Restjugoslawien', verbrecherisch wie jeder Krieg und grausam wie jeder Krieg gegen die Zivilbevölkerung gerichtet, weil Serbien die Minderheit der Albaner schlecht behandelt hat, gilt keineswegs als Blaupause für den Ukrainekrieg. Er existiert als Völkerrechtsbruch nicht. Dies nicht als Rechtfertigung, sondern nur als deutlicher Hinweis zur Doppelmoral des 'Westens'. Und dieser Hinweis kann durch viele weitere ergänzt werden.

Im gegenwärtigen Ukrainekrieg verfahren die maßgeblichen Informationsmedien auf 'unserer' Seite nach folgendem Muster: Wir sagen, schreiben, zeigen die Informationen der befreundeten Seite und kennzeichnen sie mit dem Hinweis "kann nicht unabhängig bestätigt werden". Immerhin sind sie damit schon mal in der Welt und was die andere Seite sagt, muss man nicht sagen, denn – das weiß ja jede und jeder – ist gelogen. Was beide Seiten nicht sagen, worüber man sich aber Gedanken machen könnte, bleibt im ideologischen Krieg irrelevant. Gedanken machen betrifft ja die rationale Methode der

Problemlösung. Wessen Moral am Ende siegt, werden andere Länder und Regionen im Laufe der Zeit bestimmen.

Wie bereits festgestellt, sind Werte im Umgang der Völker und Staaten miteinander nicht nur nicht klar, sondern ergeben und veränderten sich im historischen Kontext der unterschiedlichen Kulturen. Daran konnte auch die Aufklärung nichts ändern, weil der größere Teil der Welt die Aufklärung überhaupt nicht erlebt hat. Was überall an Bedeutung gewonnen hat, sind die Feststellungen und Ergebnisse der Wissenschaft. Letzteres gilt in jedem Fall für die Natur- und Technikwissenschaften. Aber bereits bei den Kultur- und Sozialwissenschaften sind Abstriche zu machen. Zu sehr ist bekannt und berüchtigt, wie leicht sich Wissenschaft als neue Religion den herrschenden Mächten angedient hat.

Was bleibt uns angesichts dieses Dilemmas zwischen Ratio und Moral? Die Hoffnung allemal, aber das wäre zu wenig und welche Hoffnung wäre das?

Zunächst wäre es die Hoffnung, dass man die eigenen Werte überprüft und ehrlich feststellt, wo und in welchen Fällen man selber gegen sie verstoßen und das noch schön geredet hat. Das sollte der eigenen Bevölkerung gegenüber auch eine gewisse Reue erkennen lassen und damit eigene Glaubwürdigkeit verbessern. Das zweite wäre eine rationale Auseinandersetzung über die Motive des Gegners. Rational hieße, ohne Verteufelung prüfen, wie man selber gehandelt hätte, wenn man sich in die Lage des Gegners hineinversetzt. Mit diesen beiden Schritten stünden Moral und rationale Politik auf besserem Boden und gleichberechtigt nebeneinander. Keine Lösung aber eine bessere Grundlage für die Suche danach.

Gefahren und Ängste

"Das Leben ist gefährlich und endet mit dem Tod". Diese richtige Feststellung bestimmt selbstverständlich auch in dieser trivialen Allgemeinaussage das Denken und Handeln von

Individuen und Gesellschaften. Aber auch hier sind die Bedingungen, Wirkmechanismen bei Individuen und der Gesellschaft völlig unterschiedlich und nahe liegende Analogien sind die Ursache für tragische Fehlschlüsse und gravierend gefährliche Handlungsoptionen. Das Beispiel der COVID19 Pandemie gibt sehr anschaulich wieder, welche verheerenden Folgen eine undifferenzierende Analyse zeitigen kann.

Ausgangspunkt für Individuen und Gesellschaft ist noch in gleicher Weise ein Bewusstsein für mögliche, aber unbestimmte Gefahren und eine sehr unterschiedliche Risikobereitschaft. Ängstlichkeit und Sicherheitsbedürfnis stehen den Möglichkeiten der Gefahrenabwehr gegenüber und werden von Individuen und ihrem jeweiligen Umfeld aufgrund unterschiedlicher Erfahrung zwar nicht zum Ausgleich gebracht, aber so bewertet, dass individuelles Handeln in einem Zustand des 'Aushaltens' das reale Leben und Handeln ermöglichen.

Im Fall der Gesellschaft sind 'Erfahrung', 'Bewertung', 'Handeln' (als Politik), 'Aushalten' völlig andere Kategorien und diese sind weder quantitativ noch qualitativ vergleichbar mit den Kategorien gleichen Namens im individuellen Fall. Es sind jedoch Kategorien, 'um die es geht'. Das gesellschaftliche Leben und Überleben ist immer und jederzeit 'gefährdet' und völlig anderen Gefahren ausgesetzt als das Leben der Individuen. Auch im Fall der Gesellschaft ist die Existenz einer möglichen Gefährdung eine Trivialität.

Eine Gruppe von Soziologinnen und Soziologen hat sich – durchaus nach eigenen Aussagen von den aktuellen Krisen motiviert – dem Thema der Angst in der Gesellschaft zugewandt. Sie stellen fest, dass bei diesem Thema auch wissenschaftlich-soziologische Perspektiven justiert werden müssen.[24] Sie stellen 8 Punkte dar, um die es dabei geht. Der

---

[24] Schmitz, A. and Eckert, J. (2022) Towards a general sociology of fear: a programmatic answer to crucial deficits of the contemporary fear discourse, Emotions and Society,
https://doi.org/10.1332/263169021X16655616062213

Allererste und in unserem Zusammenhang wichtigste lautet: "*Reduction of fear to an individualistic, psychological and (psycho)pathological dimension*"

Ihr zweiter Hinweis lautet: *"Fear as a supposed distinctive feature of modern societies"* sollte korrigiert werden. Er berührt unser Thema insofern, als Gesellschaften, ihr Denken und Fühlen, also speziell ihre Ängste schon immer vorhanden waren: als Ängste des lebendigen Organismus Gesellschaft.

Ebenfalls als Defizit benennen sie die Behandlung der Themas 'Ängste der Gesellschaft' als zu ausschließlich der *"Reduction of fear to its dysfunctional aspects"* zugewandt. Ein durchaus wichtiger Hinweis darauf, dass Ängste wie in unserem Fall genauso wie Wahrnehmung und Rationalität, Moral, Wertverständnis, Euphorie und Depression wichtige steuernde, Befindlichkeiten des lebendigen Organismus Gesellschaft sind und nicht aktuell dysfunktionale Momente im Leben der Gesellschaft.

Weitere Einwände und Hinweise auf spezifische Defizite im wissenschaftlichen Umgang mit dem Phänomen 'Ängste der Gesellschaft' sind auch im Kontext meiner Ausführungen wichtig und wurden teilweise bereits in den einleitenden Kapiteln berührt. Es geht um folgendes:

- Spontaneous sociology of fear (Probleme der Begriffsbildung)

- Asymmetrical conception of fear in fundamental theory and empirical research (Probleme der wissenschaftlichen Fundierung neuer Erkenntnisse)

- Lack of reflexivity in the observation of fear (Problem der Objektivität und Neutralität der Forschung angesichts des 'embedded' Forschungspersonals)

- The Western gaze in studying fear (Problem der interkulturellen Wahrnehmung und Vergleichbarkeit)

- Division of labour in assessing fear (Problem der

Abgrenzung und Isolierung des Forschungsgebiets)

Nur als Beispiele habe ich gesellschaftlich angstvoll begleitete, jüngst erlebte Krisen herausgegriffen,

- um mein Anliegen anschaulicher zu gestalten,

- um die Unterschiede der beängstigenden Umstände hervor zu heben und

- um die unterschiedlichen Gefahren des faktischen Umgangs unserer Gesellschaft, also einer ganz bestimmten, geografisch, historisch, ökonomisch spezifischen Gesellschaft, mit diesen Krisen deutlich zu machen.

Ein Beispiel – der Ukraine-Krieg – im obigen Zusammenhang mit Thema 'Moral und Werte'[25] behandelt, dient auch beim Thema 'Ängste der Gesellschaft' als Anschauungsmaterial. Ein letztes und überwältigendes Beispiel – nicht allein beim Thema 'Ängste' – ist die Krise des Klimawandels[26] bzw. die mehrfach aus den Folgen des Klimawandels hervorbrechenden Krisen der Umwelt, der weltweiten Migrationsströme, des Kampfes um Ressourcen, der Gerechtigkeit bei der Bewältigung dieser Krisen.

Im Folgenden das Beispiel der gesellschaftlichen Angst vor neuartigen Pandemien.

Ausgangspunkte gesellschaftlicher 'Gefährdung' sind gesellschaftliche 'Erfahrung'. Diese unterliegt damit den bereits behandelten Phänomenen wie Informationen, öffentliche Meinung, Bildung, Wissenschaft, Propaganda etc. also Phänomenen, die der Infrastruktur, den Machtstrukturen, den technisch-organisatorischen Möglichkeiten der jeweiligen Gesellschaft unterliegen.

Im Fall der COVID19 Pandemie der Jahre 2020-2022 war die Gefahrenlage unklar, aber schien vergleichbar mit der

---

[25] Seite 124
[26] Seite 156

Erfahrung der sog. Spanischen Grippe, auch anderer, schwächer verlaufener Pandemien. Die Hauptgefährdung bezog sich auf eine mögliche 'Überlastung' des jeweiligen Gesundheitssystems und 'Der Wirtschaft', dem 'Gesellschaftlichen Leben'.

Die Verbreitung des Virus angesichts einer globalen Vernetzung und Mobilität lag auf der Hand und die Maßnahmen einer Abgrenzung/Isolation waren de facto unmöglich. Letzteres war dann auch im Nachhinein erkennbar angesichts der sehr unterschiedlichen nationalen Abgrenzungsversuche und – Maßnahmen und deren Wirksamkeit und 'Erfolgen'. Die unterschiedlichen Handlungsweisen der nationalen Gesellschaften spiegelten lediglich die Handlungsoptionen zwischen 'Pest und Cholera' wider. Zwischen der 'Pest' vieler zusätzlicher Todesfälle und der 'Cholera', das gesellschaftliche, kulturelle, wirtschaftliche Leben auch langfristig zu beschädigen. Insbesondere die elementaren, wachstumsabhängigen Bedürfnisse der Kinder und Jugendlichen.

Sehr verschieden waren jedoch die Machtverhältnisse und technisch-organisatorischen Möglichkeiten zwischen den Erfahrungen aus früheren Situationen und dem Stand der medizinischen Infrastruktur und politisch-organisatorischen Möglichkeiten. Ausgangslage war eine geänderte Bestimmung einer Pandemie durch die WHO. Die UNO-Unterorganisation war im Laufe der Zeit, der spezifischen sog. evidenzbasierten, technik-zentrierten Medizinentwicklung und damit verbunden unter den dominanten Einfluss globaler Pharmakonzerne geraten. Die finanzielle Basis der WHO ist zu mehr als 50% privaten Ursprungs. Die Schwelle zur Pandemie, die noch einem Boom des globalen Pharmamarktes entgegen stand, wurde entscheidend gesenkt.

"Die WHO hat 2009 unter dem Einfluss ihrer wichtigsten Geldgeber – der USA und der privaten Gates-Stiftung – die Definition für Pandemien endgültig erheblich verändert. Anlass

war die „Schweinegrippe", die, obwohl sie sehr mild verlief, dennoch als Pandemie klassifiziert wurde. Das bisherige Kriterium für eine Pandemie, nämlich eine „enorme Zahl an Todesfällen und Krankheit" (enormous number of deaths and illness) wurde ersatzlos gestrichen." [27]

Schon vorher und ohne Korrektur in der Zeit der Pandemie war nicht nur das bundesrepublikanische Gesundheitswesen nach den Kriterien neoliberalen Wirtschaftens umstrukturiert worden. Vorsorge wurde unwirtschaftlich, Fallpauschalen förderten Intensivbeatmung, die auf ungeschultes, reduziertes Personal zukam, Krankenhausschließungen wurden trotz Pandemie fortgesetzt, andere Erkrankungen wurden an den Rand gedrängt. Die Liste der eingeschränkten politisch-organisatorischen Optionen der Gefahrenabwehr ist lang. Die Versuche der Angsterzeugung, um das 'Aushalte'-Potential der Bevölkerung zu erhöhen, sind aufgedeckt worden.[28]

Gleichzeitig sicherte die Politik sich die Unterstützung ihrer Maßnahmen durch Vertreter der Wissenschaft, die genau diesen Kurs begründen wollten und konnten. Dabei ignorierte sie alle Vertreterinnen der Wissenschaft, die diesen Kurs nicht unterstützen konnten und auch nicht begründet sahen. Die wissenschaftliche Unterstützung der Politik wurde auch nur aus Richtungen der Epidemiologie und der Medizin eingeholt und selbst dort nur aus wenigen fachlichen Richtungen. Beratungen aus sozialer, soziologischer, psychologischer und pädagogischer Sicht gab es offensichtlich nicht.

---

[27] Rügemer, Werner, Es ist Zeit, den Panikmodus zu beenden, https://www.nachdenkseiten.de/?p=73386, aktuell am 10.10.2022
[28] https://www.bmi.bund.de/SharedDocs/downloads/DE/veroeffent lichungen/2020/corona/szenarienpapiercovid19. pdf?__blob=publicationFile&v=6, letzter Zugriff 24.11.2021 Download verfügbar. Dieses Papier und seine Öffentlichkeit wurden vom Autor und seinem Umfeld durch Proteste von rechts so funktionalisiert, dass es praktisch nur zum Beweis der Unrechtmäßigkeit und Abstrusität der Protestierer diente. Inhaltlich hat man sich mit dem Papier niemals auseinandergesetzt.

Auch der öffentliche Diskurs wurde dadurch eingeschränkt, weil andersartige Meinungen zum verkündeten Stand der Information und der getroffenen Maßnahmen ausgegrenzt wurden. Letzteres durch Verleumdung, wenn Ignorieren nicht mehr ausreichte. Es spricht Bände, wenn in der unten angeführten Studie "zur Qualität der journalistischen Berichterstattung über die Corona-Pandemie" noch in der Zusammenfassung 2 (in Worten: zwei) Protagonisten genannt werden können, die für diese Beratung standen und nicht wenigstens 2 ganze Wissenschaftszweige.

Ausgrenzung als akzeptierte Form der Gegnerschaft

Durch das Trommelfeuer der einseitigen Information, der Begründung der Maßnahmen, der Unterstützung durch die große Mehrheit der Bevölkerung wurde ein Klima geschaffen, das den 'Widerstand gegen das Virus' unter der willfährigen Bevölkerung förderte und immer weiter durch öffentliches und Eigenlob in Erregung hielt.

Diese Verstärkung eines Widerstandswillens gegen das Unsichtbare stellte einen omnipräsenten Meinungsblock dar, zumal alle Parteien, auch des linken Spektrums, dem nichts entgegensetzen wollten oder glaubten entgegensetzen zu können. Die extreme rechte Partei war die einzige, die sich diesem Mainstream nicht anschloss, was der überwältigenden Mehrheit der Beweis dafür war, dass sie sich politisch korrekt eingeordnet hatte. Einige Widerständige empfanden diese Situation als Diktatur, was im Grunde sehr nahe liegt.

Aber genau wegen dieses Wortes wurden diejenigen zum Schweigen gebracht, die es öffentlich in den Mund nahmen. Sie wurden belehrt, dass eine Diktatur nur dann gegeben ist, wenn Polizei, Militär und weitere Insignien der Macht erkennbar präsent sind.

Trotzdem gab es relevanten und sichtbaren Widerstand gegen

diese Phalanx aus Angst und Macht von demokratisch gesinnten Personen und sich formierenden Organisationen. Bei deren öffentlichen Auftritten bot sich eine unwiderstehliche Praxis des Verbots dieser Demonstrationen an. Die Demonstranten wollten und mussten ihren Widerstand ohne Masken demonstrieren und konnten gerade deswegen auf der neu und dafür geschaffenen, gesetzlichen Grundlage verboten werden.

Zu dieser Zeit, als noch keine massenhaften Impfungen möglich oder noch nicht organisiert werden konnten, wurde die Hoffnung geschürt, dass allein ein Impfstoff und seine weite Verbreitung das Ende der Pandemie möglich machen kann. Diese einseitige Haltung, die der einseitigen Beratung folgte, gipfelte in der Erwartung, dass der 'Krieg gegen das Virus' gewonnen werden kann. Eine Erwartung, die allen bekannten Formen und Funktionsweisen von Viren widerspricht. Eine Vorstellung eines 'Leben mit dem Virus', das auf Stärkung der Immunität, auf persönlicher Vorsicht und zunehmender Massenimmunität setzt, das Verständnis, Toleranz und Augenmaß erfordert, war nicht nur keine Option mehr, sondern war aussichtslos und repräsentierte die Meinung von Kriegsgegnern. Es war aussichtslos angesichts der massenhaften Einstellung zum 'Krieg', der immer die vollständige Einordnung - 'Solidarität' genannt - der Volksgemeinschaft erfordert, eine im Grunde faschistische Denkfigur.

Rechte und Pflichten

Damit kommen wir an eine brisante Schnittstelle. Die Gesellschaft entwickelt auf der Basis ihrer spezifischen Geschichte, ihrem Bildungsstand, ihren Informationsmedien ein System der Wahrnehmung, der Beurteilung und des Handelns in Politik, das letztlich den Individuen zu Gute kommen soll. In dieser Allgemeinheit trifft das für liberal-demokratische Gesellschaften und Autokratien in gleicher Weise zu.

Unterschiedlich ist in beiden Systemen – sofern man zunächst diese grobe Dichotomie zulässt – die Art des Aushandelns zwischen individuellen Freiheiten und für notwendig gehaltenen Einschränkungen dieser Freiheiten, um Gesellschaft überhaupt zu konstituieren und lebensfähig zu machen. Dabei sollte in diesem Zusammenhang der Begriff der individuellen Freiheit nicht missverstanden werden. Es handelt sich an dieser Stelle **nicht** um die in liberal-demokratischen Gesellschaften so hochgehaltenen politischen Freiheiten, im Rahmen der Gesetze alles tun und lassen zu können, selbstbestimmt, aus individueller Interessenlage heraus Entscheidungen treffen zu können. Vielmehr ist an dieser Stelle mit individueller Freiheit das gemeint, was die Individuen in ihrer jeweiligen Gesellschaft erst überlebensfähig macht. Etwa die Gewährleistung der Sicherheit, dass man nicht jederzeit überfallen, ausgeraubt wird, dass unmittelbare Hilfe im Unglück geleistet wird, dass eine elementare Gesundheitsversorgung existiert und eine Infrastruktur aufrecht erhalten wird, die menschliches, individuelles Leben auf humanem Level überhaupt erst möglich macht.

Es sind die Leistungen der Gesellschaft, die Individuen bereits in ihren Urformen akzeptieren konnten und mussten, um leben zu können. Und gleichzeitig die Produktion und Reproduktion der Gesellschaft ermöglichten. Es geht um den unlösbaren Zusammenhang von Individuum und Gesellschaft, der auf den verschiedenen gesellschaftlichen Entwicklungsstufen eine eigene Dynamik entfaltet, die zuweilen durch die individuellen Kräfte dominiert wird, im Regelfall durch die geltenden gesellschaftlichen Zwänge.

Sehr einleuchtend daher die bekannte Definition einer Revolution, eines Umsturzes der gesellschaftlichen Verhältnisse, weil beides zusammen treffen muss: Die Menschen wollen nicht mehr eine Herrschaft ertragen und die Herrschaft hat nicht mehr die Kraft zu herrschen.

Im 'Normalfall' sind die Kräfte der beiden Seiten nicht ausgeglichen, denn sie müssen von beiden Seiten immer neu geprüft, justiert werden, praktikabel gemacht werden. Die

Akzeptanz der Individuen mit den Möglichkeiten der Gesellschaft wird soweit abgeglichen, dass es eben zu keiner Revolution kommt.

Wenn ich hier von einer Schnittstelle gesprochen habe, dann nur in dem Sinn, dass sich individuelle und gesellschaftliche Notwendigkeiten und Interessen überschneiden. In anderen Zusammenhängen spricht man gern über diesen unlösbaren Zusammenhang in Begriffen von 'Rechten' und 'Pflichten', die auf Seiten der Individuen und gleichzeitig in ganz anderen Formen auf Seiten der Gesellschaft liegen. Ganz banal geht es also etwa um die Pflicht der Bürgerinnen und Bürger, die Gesetze einzuhalten und um ihre Rechte auf eine 'Grundsicherheit' und basale Daseinsvorsorge. Die Gesellschaft erfüllt diese Pflichten und notwendig dazu ist ihr Recht des Eingriffs in die Freiheit der Individuen, indem sie 'Regeln' aufstellt und durchsetzt.

So einfach und selbstverständlich kann man sich das für eine Urhorde, eine Urgesellschaft vorstellen. Es gilt natürlich auch für eine entwickelte moderne Gesellschaft, aber in ihrer Arbeitsteilung, ihren Institutionen und einer Komplexität der Anforderungen in verschiedenen, aber gleichwohl dringender und zwingender Formen für ihre Individuen und eine wie immer akzeptierte Herrschaft ist dieser Zusammenhang alles andere als trivial. Er ist oft nicht mehr zu erkennen. Dabei pocht die Gesellschaft auf die Pflichten der Individuen und diese pochen auf ihre Rechte, was allein und von sich aus keineswegs zu einem Abgleich oder Ausgleich führt.

Komplexität und neue Außenbeziehungen

Die Notwendigkeit eines Ausgleichs oder Aushandelns zwischen den Interessen der Individuen und den Möglichkeiten und Zwängen der Gesellschaft mag grundsätzlich unbestritten sein. Zwei Faktoren erscheinen in diesem Zusammenhang auf der Bühne. Oder anders formuliert: zwei Faktoren erhalten aktuell ein größeres Gewicht und komplizieren die Verhältnisse, über die wir reden, enorm.

Die Komplexität der Gesellschaft hat sich um Dimensionen verstärkt. Ihre Bedingungen im Rahmen der Globalisierung, der Deregulierung, der Umbrüche durch Digitalisierung in zeitlichen Abständen innerhalb einer Generation sind für eine übergroße Zahl von Menschen nicht leicht zu adaptieren. Erforderliche Umsteuerungen wegen der erwarteten klimatischen Veränderungen verlangen einen neuen Wahrnehmungs- horizont.

Nicht unabhängig davon ist der zweite Faktor, der diese Komplexität zusätzlich verstärkt: es geht bei diesem um die Zunahme der Bedeutung des globalen Miteinanders der Völker und Nationen. Weltweite Migration, Ressourcenverteilung und Energiebedarfe, globale Lieferketten, planetare Umwelt- schonung, multipolare Machtverhältnisse sind Probleme, die im nationalen Rahmen größere Bedeutung haben als jemals zuvor, aber in diesem Rahmen nicht zu lösen sind, obwohl doch die Menschen stärker denn je davon betroffen werden.

Angesichts dieser Komplexität und der Vielfalt der externen Beziehungen wird unmittelbar deutlich, dass herkömmliche, politisch-gesellschaftliche Konfliktlösungsmöglichkeiten und entsprechendes Konflikt-Handling mit dem auf der individuellen Ebene, völlig verschieden ist und in keiner Hinsicht vergleichbar.

Während auf der individuellen Ebene professionelle Mediation, Familien-, Gruppen- und Paartherapien in praktisch allen Fällen zumindest den Umgang mit dem Konflikt und damit menschliches Leid deutlich verringern können, scheint dies im gesellschaftlichen Bereich kaum möglich zu sein. Das gilt für zwischenstaatliche Konflikte und solchen zwischen Volksgruppen innerhalb von Staaten in gleicher Weise. Die Zahl der mit militärischen Mitteln ausgefochtenen Konflikte, insbesondere die Zahl der sog. asymmetrischen Kriege, der 'Kriege gegen den Terror' steigt. Die Intensität und Reichweite dieser Auseinandersetzungen, die militärisch mit weitreichendem Gerät auf der Seite des staatlich organisierten

Militärs und der digital aufgerüsteten Geheimdienste geführt werden, fördert die Konfliktausweitung ebenso wie die zugehörigen propagandistischen Formierungen aller Seiten.

Wenn man Diplomatie gleichsetzen wollte mit Methoden der Mediation im individuellen Fall, fällt sofort ein entscheidender Unterschied auf. Die Diplomatie bewegt sich nur in Ausnahmefällen auf der Ebene der Mediation, der Analyse, des Ausgleichs und der Deeskalation. Diplomatie formiert bedauerlicher Weise nur die jeweils konträren Blöcke intern. Selbst die auf UN-Ebene oder auch der OECD vorgesehenen Beobachtungs- und Interventionsmöglichkeiten werden von diplomatischen Abwehrreaktionen der involvierten Gegner gebremst oder gar verhindert.

Die bereits genannten informationellen Möglichkeiten der propagandistischen Einflussnahme, die reale Interessengegensätze und Konfliktstoffe durch Feindbilder anreichern, werden i.d.R. durch Diplomatie nur transportiert und nicht aufgelöst.

So gesehen bleibt nur eine Hoffnung durch den Blick auf historische Beispiele, in denen entgegen diesen negativen und doch sehr gut bekannten Konflikteskalationsmethoden positives Konfliktmanagement stattgefunden hat.

Letzteres gilt für die sog. neue Ostpolitik zwischen 1969 und 1981 initiiert durch eine sozialdemokratische Bundesregierung und die Befriedung des Nordirischen Bürgerkriegs. Die historischen Besonderheiten dieser wenigen, positiven Beispiele können hier nicht dargelegt werden. Aber in der zeitlichen Entfernung lassen sich gemeinsame und methodisch nutzbare Strategieelemente isolieren, die für viele neue Fälle als Ausgangs- und Ankerpunkte dienen könnten.

Dazu gehören

das rationale Verständnis der gegnerischen Interessen, das nicht mit Akzeptanz verwechselt werden sollte.

---

die universelle Anerkennung statt selektiver Interpretation der bislang existierenden geltenden Rechte. Das Prinzip der gleichen Augenhöhe.

Reaktionen und Antworten auf neue Herausforderungen

Ohne Zweifel werden durch diese Faktoren die notwendigen gesellschafts-internen Ausgleichsprozesse erschwert. Dies ist erkennbar an Phänomenen, die ich hier als Stereotype und Einzelheiten beschreibe, obwohl sie in der Realität in Übergängen, Mischungen und im Durcheinander auftreten bzw. wahrgenommen werden.

Es geht um

beliebige Konstruktionen der Wirklichkeit.

Darunter verstehe ich nicht nur alle Arten von Verschwörungs- theorien, die mit den jüngsten Krisen zugenommen haben. Dabei beruht die Zunahme nicht nur darauf, dass die Durchschaubarkeit der Welt für eine individuelle Orientierung immer verstehbar und passend ausgerichtet werden muss. Passend im Sinne von vereinbar mit bisherigen Überzeugungen und Erfahrungen. Unbequeme, abweichende, bisher irrelevante oder verborgene Zusammenhänge und darauf aufbauende Narrative werden durch Politik und Medien möglichst umgehend in die Ecke der Verschwörungsdenker abgedrängt. Kippende, bisher geltende Meinungsmuster sind immer eine Beunruhigung bis hin zu Gefährdung der Gesellschaft.

In der COVID19 Pandemie war die Unsicherheit darüber, wie viel Schwerkranke und Todesfälle auf uns zukommen würden, sehr groß und die Meinungen schwankten zwischen harmlosen und furchtbaren Szenarien. Eine zurückhaltende, beruhigende Informationspolitik wäre nötig gewesen. Auf keinen Fall aber hätten die bereits mit dem Begriff 'Verharmloser' Auszugrenzenden in eine rechte, verschwörungstheoretische

Ecke gedrängt werden dürfen. Das gilt selbst unter der Voraussetzung, dass eine Gefährdung des Gesundheitswesens, für das die Politik zuständig ist, hohe Beunruhigung hervorrufen muss.

Es geht weiter um

Individualismus, neue Menschenfeindlichkeit.

Der Rückzug von und die Aversion gegen Politik, gegen Politikerinnen und Politiker, die sich unter anderem im Nichtwählen, im Protestwählen ausdrücken können, ist bedauerlich, vielleicht verständlich. Dennoch sind das für die Politik ernst zu nehmende Indikatoren. Das ist jedoch nur die eine, die vergangene Seite dieser Phänomene. Der Umfang, die Reichweite und die Formen des Ausdrucks von Politikverdrossenheit wie er sich im Internet austobt ist allerdings besorgniserregend. In der aktiven Nutzung dieses Mediums scheinen nicht Wenige überfordert. Eine Art des Missbrauchs besteht offensichtlich in der Annahme, dass ich als Individuum über dieses Medium in der Lage bin, die Welt zu beeinflussen wie es von den Influenzern aller Couleur anschaulich vorgemacht wird. Damit einher geht eine Verstärkungswelle der eigenen Meinungsentwicklung in extreme Richtungen, weil Extreme das Zahlungsmittel des umkämpften Aufmerksamkeitsmarktes sind. Auch die Formen der öffentlichen Präsenz mit Demonstrationen und Aktionen verändern sich in diesem Rahmen. Im Zentrum steht nicht mehr die eigentliche Aktion, sondern die Bilder und Berichte darüber.

Diese Trends sind auch in ihrer Rückwirkung auf die notwendige und gewünschte Beteiligung der Wählerinnen und Wähler an demokratischer Öffentlichkeit problematisch. Parteien und Medien, denen verfassungsmäßig ein Moment der Meinungsbildung obliegt, veröden in einem Reflex der Anpassung an einen Mainstream, der in seiner Allgegenwart deutliche Meinungsverschiedenheit bereits Wähler abschrecken könnte und als Anzeichen von Extremismus gewertet werden könnte.

Weiter geht es um

konservative Abwehr und Abschottung

Deutlich erkennbar wurde diese Tendenz, als die ersten nennenswerten Migrationsströme in Europa eintrafen. Migrationsströme, mit denen entfernte Länder schon lange in ganz anderen Dimensionen zu tun hatten, weil die Menschen aus den Kriegs-, Elends- und Hungergebieten dieser Welt zu ihnen gekommen waren. Zunächst wurde allgemein nur deutlich, dass wir aus begründeter historischer Erfahrung ein gutes Asylgesetz hatten. Dieses wurde umgehend – offensichtlich aus wahltaktischen Überlegungen – schnell geändert.

Auch war der Diskurs in der Breite von 'No Border, no Nation' bis zu 'Das Boot ist voll' offenbar für die Gesellschaft nicht aushaltbar.

Einen zusätzlichen Stimulus für rechtslastige Bewegungen speziell in der Bundesrepublik wie etwa PEGIDA[29] oder identitären Bewegungen stellt die Art und Weise dar, die Schnelligkeit und Unsensibilität, mit der die DDR-Gesellschaft an die westdeutsche Majoritätsgesellschaft angepasst wurde.

Anhand dieser Anpassungsprozesse lässt sich am deutlichsten der Unterschied zwischen individueller und gesellschaftlicher Anpassung nachweisen. Diese Übergangsprozesse wären trotz ihrer Singularität im deutschen Fall ein wichtiges Arbeits- und Forschungsfeld für gesellschaftliches Denken und Fühlen.

Derartige Übergänge erzeugen neuartige Widerstandsbewegungen, die nicht einfach bekannten Schemata wie links-rechts, konservativ-liberal etc. zugeordnet werden können.

Die soziologische Forschung unterliegt in derartigen Fällen in

---

[29] **P**atriotische **E**uropäer gegen die **I**slamisierung des **A**bendlandes

---

besonderer Weise politisch-moralischen Vorgaben. Die in diesem Abschnitt angesprochenen Phänomene wie Verschwörungsglaube, Widerstand und Empörung, Revolutionshoffnung, Statusabwertung amalgamieren neu und neuartig. Wenn Wissenschaft in diesen Situationen den politischen Wunsch, störende Kräfte auszugrenzen, lediglich bekräftigt, trägt sie dazu bei, diese Phänomene zu verstärken. [30]

Generell ist die wissenschaftliche Aufarbeitung neuartiger Artikulierung von Widerstand in demokratisch-liberal verfassten Gesellschaften im aktuellen politischen Moment kaum möglich. Erst eine zeitliche Distanz schafft den Rahmen und die Voraussetzungen für eine wissenschaftliche Sichtweise und verhindert, dass Wissenschaft für Problemsuche und Ursachenforschung politisch missbraucht wird.

Gerade in volatilen Situationen sind die verschiedensten gesellschaftlichen Kräfte, die Medien. sowie Politik und Institutionen gefragt, den Zusammenhalt der Gesellschaft zu fördern. Appelle zur Geschlossenheit und erst recht Ausgrenzung bewirken das Gegenteil.

Transformations- und Revolutionskonzepte.

Ein weiteres, festzuhaltendes Stereotyp liegt vor, wenn es darum geht, weit auseinander liegende Meinungen in einem relativ neuen Erfahrungsfeld auszuhandeln und zu ertragen. Es geht dann immer sehr schnell um die alte Frage, speziell, wenn Grenzen, Konflikte zwischen Herrschaft und immer mehr Menschen auftreten: muss dann nicht der grundsätzliche Reformbedarf der Gesellschaft auf die Tagesordnung kommen?

---

[30] Als Beispiel etwa: Fabian Virchow, Querdenken und Verschwörungserzählungen in Zeiten der Pandemie, Bundeszentrale für politische Bildung 2022 (https://www.bpb.de/themen/rechtsextremismus/dossier-rechtsextremismus/508468/querdenken-und-verschwoerungserzaehlungen-in-zeiten-der-pandemie/)

Dies betrifft den vierten Punkt, wie auf neue Herausforderungen reagiert wird: alte und neue Transformations- und Revolutionskonzepte kommen auf die Tagesordnung.

Eigentlich muss die liberal-demokratische Verfassung diese Fragen nicht fürchten. Sie vertraut ja grundsätzlich darauf, dass der demokratische Aushandlungsprozess institutionell gesichert ist. Und in der Tat wird im Grundgesetz der Bundesrepublik, das bekanntlich Verfassungsrang hat, nicht einmal das Wirtschaftssystem festgelegt, obwohl dieses zum Kern des gesellschaftlichen Lebens zählt.

Unter den Bedingungen der immer noch zunehmenden Komplexität innerhalb des Generationenwechsels und den drängenden globalen Herausforderungen geraten 'System-veränderer' in das Spektrum der nicht mehr zu tolerierenden Meinungen. In einer schwachen Form der Ausgrenzung werden sie möglichst ignoriert und als 'Spinner' abgetan. Ist das nicht mehr möglich, werden sie vom Verfassungsschutz beobachtet und damit vom Diskurs definitiv ausgeschlossen.

In diesem Zusammenhang ist in Europa eine interessante Haltung angesichts des Erfolgs von Parteien entstanden, die sich dem politisch rechten und rechts-konservativen Spektrum zurechnen. Eine Haltung, die in der Politik der anerkannten 'Gemeinschaft demokratischer Parteien', in den relevanten Medien – insbesondere der öffentlich-rechtlich verfassten - mit dem unausgesprochenen Satz zusammengefasst werden kann: "Mit denen wollen und dürfen wir nicht zusammen arbeiten!".

Diese Parteien sollen also geschnitten werden, obwohl ihre Einordnung als 'faschistisch' weder theoretisch noch praktisch möglich ist. Dabei ist der Begriff 'faschistisch' im öffentlichen Raum unklar oder kann nur operationalisiert werden durch das bekannte Modell des Faschismus oder Nationalsozialismus, das keine dieser Parteien von AfD, Resemblement National, FIDES, Fratelli d'Italia programmatisch als 'nazistisch' kennzeichnet. Die europäische Union hat enorme Schwierigkeiten, sich mit den durch diese rechts-konservativen Parteien regierten

Mitgliedsländern auseinander zu setzen.

Linke Parteien haben in der Sehnsucht, der 'Gemeinschaft demokratischer Parteien' zugerechnet zu werden, originäre linke Positionen verschwinden lassen und wenden sich der Bekämpfung des wachsenden Rechtstrends zu. Allerdings ohne gleichzeitig zu versuchen, mit ihren alten und neuen Konzepten, den Menschen eine Alternative zu bieten. Selbst innerhalb des eigenen linken Spektrums wird der Konsens nur auf schmaler Spur hergestellt.

Eine Umkehr im Trend der Wähler zum konservativ-nationalistischen, rechten Rand, kann kaum erreicht werden, wenn lediglich und stellvertretend eine Partei, die diese Stimmung auffängt, bekämpft wird oder ausgeschlossen wird. Notwendig sind Informationen, Argumente und Vertrauen. Letzteres wird leicht verspielt und ist am schwersten wieder zu gewinnen. Vertrauen ist erneut ein Begriff, den wir im individuellen, im menschlichen Umfeld gut verstehen. Ein Begriff, der umstandslos auf die Gesellschaft, gesellschaftliche Untergruppen angewendet wird und für ganze Bevölkerung-steile gelten soll. Also für Arbeiter, Angestellte, Frauen, Männer, Wähler, Junge und Alte etc. also diejenigen, die das Vertrauen – etwa zu einer Partei oder einer Institution – entwickeln sollen. Auch für dieses Feld ist der Begriff 'Vertrauen' und der Umgang damit ein völlig anderer als im persönlichen Fall.

Ja, natürlich gibt es Verbindungen, Analogien zwischen beiden Feldern und der Begriff gehört ebenso selbständig zu anderen Feldern, wie dem Marketing, bei dem es zum Beispiel um das Vertrauen in eine Marke geht. In der Wissenschaft gibt es in manchen Bereichen ein berechtigtes, oft nicht hinterfragtes Vertrauen in Methoden, die letztlich über Wahrheit und Geltung mit bestimmen können.

Vertrauen und Unsicherheit

Ohne den zugehörigen Gegenbegriff, der Sicherheit bzw.

Unsicherheit heißt, ist Vertrauen quasi gegenstandslos. Sicherheit macht Vertrauen unnötig – wie gut, dass es Unsicherheiten gibt, könnte man schlussfolgern. Das wäre unzulässig, weil Vertrauen eine eigene Kategorie ist und keinen dialektischen Zusammenhang mit Unsicherheit darstellt.

Vertrauen – falls man das Vertrauen in gesellschaftliche Institutionen, in die Politik – meint, ist jedoch sehr eng mit dem Zustand der Sicherheit verbunden.

Es geht immer mehr um die Sicherheit der Daseinsvorsorge, die eine Gesellschaft unterstützt. Diese Sicherheit ist unabhängig von einem absoluten Niveau der Daseinsvorsorge, sondern bezieht sich lediglich auf die relativen Veränderungen eines erwarteten Umfangs. Daseinsvorsorge, Infrastruktur sind nur zwei Ausdrücke dafür, wie, an welchen Stellen, in welchem Umfang das Individuum den Beistand der Gesellschaft erwarten kann. Im Fall von externen Umständen (Naturkräfte, Krieg, Epidemien) stellen sich der Gesellschaft und ihren Individuen Probleme dar, die neu, ungewohnt, unerwartet sind, für die Lösungen erst gefunden und 'eingewöhnt' werden. In diesen Fällen geht es um das Vertrauen, dass die zuständigen Institutionen kompetent sind, den neuen, unerwarteten Umständen zu begegnen.

Beispiel COVID19 Pandemie

In diesen Fällen ist der übliche, immer notwendige Diskurs und das übliche Kommunikationsfeld überfordert und zwar in beiden Teilsystemen, dem des Individuums und dem der Gesellschaft. Zu Beginn der COVID19 Pandemie galt das für viele Gesellschaften. Die Überforderung des Diskurses war z.B. erkennbar an den Demonstrationen gegen persönliche Einschränkungen durch die Gegenmaßnahmen zur Pandemie. Einer Überforderung kann nicht durch die 'normalen', üblichen Gebote und Normen begegnet werden. Man kann unter diesen

Umständen nicht (wie R.D.Precht[31]) fordern, dass Individuen darüber nachdenken, warum sie – wie im Normalfall – dem Staat, der Gesellschaft auch pflichtgemäß folgen. Deutlich wurde das mit dem Begriff der 'Verhältnismäßigkeit' ausgedrückt, die aus juristischer Sicht von den Maßnahmen gefordert wurde. Im Fall fehlender Erfahrung mit den neuen Umständen, also fehlenden Daten, ist Verhältnismäßigkeit ein offener Begriff, der im Diskurs erst realisiert werden kann.

Darauf hätte der Diskurs von der Politik hinbewegt werden müssen. Stattdessen gab es Beschwörung der Gefahren, absolute Appelle an Solidarität bzw. Folgsamkeit und permanenten Hinweis auf drohende Gefahren, die dann bald erkennbar so nicht eintraten.

Trotz allem entstehen in diesen neuen, durch externe Ereignisse hervorgerufenen Situationen, Herausforderungen für Individuen und Gesellschaft, die die üblichen Anforderungen für Aushandlungsbelastungen übersteigt. An zwei entscheidenden Stellen gerät eine liberal-demokratisch verfasste Gesellschaft dabei an Grenzen. Man könnte auch von Schwächen des Systems sprechen:

Die ständig erneut durchzuführenden Wahlen verleiten die Personen und Parteien der führenden Eliten zu kurzfristigen, eher populistischen Reaktionen auf die außergewöhnlichen Gefahren. Das erzeugt eine Verantwortungsschwäche.

Die Kommunikation und Information durch eine ökonomisch gesteuerte Medienlandschaft ist vor allem am jeweiligen Aufmerksamkeitspeak interessiert und kann den notwendigen Diskurs der besonderen Problematik nicht begleiten, geschweige denn generieren. Eine besondere Rolle spielen in dieser Situation die öffentlich-rechtlichen Medien, die angesichts der Bedrohungen zum Regierungssprachrohr mutieren. Das Medienversagen könnte eine stärkere Bedrohung

---

[31] https://www.youtube.com/watch?v=NKG6IeWM_Rw (letzte: 23.10.22)

der liberal-demokratischen Verfassung darstellen, sofern es nicht gelingt, die besondere Verantwortung des öffentlich-rechtlichen Sektors zur Geltung zu bringen. Denn die genannte Verantwortungsschwäche der gewählten Führung ist sehr stark geprägt von den individuell-persönlichen Führungsqualitäten der politischen Spitze. In besonderen Situationen hat es immer wieder Menschen an der Spitze gegeben, deren persönliche Stärke und Übersicht diese Schwäche ausgeglichen hat.

Beide Schwächen wurden während der COVID19 Pandemie und bereits vor dem Krieg in der Ukraine deutlich erkennbar und führten zu einem Verlust an Vertrauen, das nur sehr langsam wieder aufgebaut werden kann. Ein Teil des Aufbaus und der Wiedergewinnung von Vertrauen bestünde in einer Aufarbeitung der Vorgänge mit Dokumentationen, die auch Fehler nicht übergehen und die Basis der jeweiligen Entscheidungen offen legen.

Beispiel Ukrainekrieg

Im Fall des zweiten aktuellen Falles einer äußeren Bedrohung, dem Ukraine-Krieg liegen die Verwerfungen etwas anders. Zwar war durchaus unbekannt, wann Russland militärisch eingreifen würde. Aber seit 2014, dem Putsch gegen den prorussischen Präsidenten Janukowitsch, mit dem deutlich der NATO-Beitritt der Ukraine angekündigt wurde und mit der russischen Annexion der Krim – dem Stationierungsort der russischen Schwarzmeerflotte - beantwortet wurde, begann der Krieg gegen die russische Minderheit im Donbass. Dieser hätte unbedingt mit dem Minsk II-Abkommen beendet werden können und beendet werden müssen. Aber der ukrainischen Regierung wurde es durch die Garantiemächte Frankreich und Deutschland quasi freigestellt, dieses Abkommen nicht nur zu ignorieren, sondern das Gegenteil zu praktizieren. So war es nur eine Frage des Datums, wann Russland in den Bürgerkrieg eingreifen würde. Die ukrainische Armee war darauf auch bestens durch US-amerikanische Beratung und Ausrüstung vorbereitet worden.

Diese Situation – wie sie die russische Seite wahrnahm – wurde im Westen als unerwarteter völkerrechtswidriger Angriffskrieg gewertet und mit einem Sanktions-, Wirtschaftskrieg und Aufrüstungsprogramm beantwortet. Mit Lieferungen schwerer Waffen auch (grundgesetzwidrig) von deutscher Seite, mit Truppenausbildung und Aufklärungsdiensten und nicht zuletzt mit medialer und moralischer Unterstützung war man Kriegsteilnehmer auf ukrainischer Seite. Das wollte man auch sein. Allerdings ohne als solcher vom Gegner wahrgenommen zu werden, um so zu hoffen, den letzten Eskalationsschritt des Gegners zu vermeiden – den Atomkrieg.

Kleinere europäische Länder mit verständlichen historischen Aversionen gegen Russland, mit denen man zuvor wegen ihrer Demokratiedefizite Schwierigkeiten hatte, wurden jetzt gerne als mögliche Betroffene instrumentalisiert. Und alles unter dem geopolitischen Mandat der geografisch und ökonomisch weit entfernten Vereinigten Staaten, die die Bedeutung der Ukraine für ein eigenständiges eurasisches Machtzentrum erkannt hatten und dieses verhindern wollten.

Es handelt sich hier also um ein Szenario, wie es immer wieder verglichen wurde mit den politisch-militärischen Eskalationen, die zum Weltkrieg I führten und damals wie heute mit den passenden Narrativen unterlegt werden. Der gravierende Unterschied zu den Verhältnissen 1914 besteht darin, dass damals nicht ein einziger Welthegemon dominierte und eine absolute und vollständige Zerstörung Europas mit der nächsten Eskalation nicht anstand.

Immerhin wurde im Nachhinein Weltkrieg I als „Urkatastrophe des 20. Jahrhunderts" (Herfried Münkler) erkannt. Die Frage, ob der Zusammenbruch der Sowjetunion die Urkatastrophe des 21. Jahrhunderts war, stellt nur Putin als Repräsentant Russlands. Die Europäer, Deutsche in erster Linie, sollten sich dieser Frage aus ihrer Perspektive stellen, statt zum Schaden ihrer Bevölkerung, ihrer Ökonomien und mit einem durchaus möglichen Existenzrisiko die amerikanische Position unwidersprochen zu übernehmen.

An dieser Stelle interessiert nicht, wie eine 'korrekte' Darstellung der Konflikte gefunden wird, sondern wie eine gesamte Gesellschaft ein Denken und Fühlen aufbaut und somit im Konfliktfall die passende Stellung gegen den Gegner einnimmt. Das gilt für die eigene Gesellschaft wie für die Gesellschaft des Gegners. Hinzu kommt, dass der Konflikt vom liberal-demokratischen Westen geschürt, von einem autokratischen System auf die Spitze getrieben wird und damit die moralisch 'Besseren' einem moralisch 'Schlechteren' gegenüber gestellt werden können.

Wie diese Situation kommunikativ begleitet wird, um das einheitliche Bild der eigenen Rolle und des eigenen politischen Handelns möglichst ungefährdet aufrechtzuerhalten, darüber informiert ein aus dem Bundesinnenministerium geleaktes Papier[32]. Ausdrücklich verstehen diese Aktivitäten auch die Narrative des Gegners als 'Desinformation' gegen die eine 'strategische Kommunikation' aufgebaut wird. Dem Ziel und Inhalt des Papiers nach handelt es sich um Maßnahmen, die das 'Framing' (s. Manipulation des großen Stils, Seite 46) aufbauen, wie Medien, einschließlich der öffentlich-rechtlichen in dieses eingebunden werden. Mit dem Begriff der Desinformation wird alles, was der Gegner denkt und mitteilt unter diesen moralisch gemeinten Begriff subsumiert. Im Einzelnen beschreiben die Ausführungen dabei die Rolle des BMI (Innenministeriums), des AA (Auswärtigen Amtes), des BPA (Bundespresseamtes) und der BKM (Beauftragte der Bundesregierung für Kultur und Medien), sowie auf die Tätigkeiten des BMDV (Bundesministerium für Digitales und Verkehr) sowie des BMFSFJ (Bundesfamilienministerium) und des BMVG (Bundesverteidigungsministerium).

---

[32] Laufende Aktvitäten der Ressorts und Behörden gegen Desinformation im Zusammenhang mit RUS Krieg gegen UKR v. 27.06.2022

"...Ein weiterer aufgeführter Aspekt des Plans ist der „Outreach in den parlamentarischen Raum", also die Einflussnahme auf Abgeordnete in Bundestag und Landesparlamenten. Kein unproblematisches Vorhaben, eingedenk einer eigentlich existierenden Gewaltenteilung zwischen Exekutive und Legislative. Ebenso wird als zentraler Punkt im „Resilienz-Plan" die „anlassbezogene" Intensivierung der Kontakte und Gespräche mit den Plattformbetreibern sozialer Netzwerke genannt, „um diese für staatlich gesteuerte Desinformation zu sensibilisieren". Explizit ist in dem Dokument von Twitter, Meta, Google und Telegram die Rede. Geführt werden sollen die Gespräche auf „Staatssekretär-Ebene". Nicht minder problematisch erscheint der Plan, Einfluss auf die „Curricula in den Schulen sowie unter Einbindung der Volkshochschulen und ehrenamtlicher Strukturen" zu nehmen. Abschließend wird darauf verwiesen, dass die Arbeit an der Umsetzung des „Aktionsplans von Bund und Ländern gegen Desinformation und für eine wehrhafte Demokratie" begonnen habe. ..."[33]

Anders als im Fall der COVID19 Pandemie ist hier der Gegner, seine Aktivitäten, Narrative bekannt und unbestimmte Ängste weniger relevant für Bevölkerung und ihrer Regierung. In beiden Fällen ist aber eine von der Politik gewollte, bestimmte Einstimmung und Ausrichtung der *gesellschaftlichen* Meinung vonnöten und in beiden Fällen ist damit der gesellschaftliche Diskurs absichtlich gestört. In beiden Fällen ist die Moralisierung der Argumente entscheidend. Es wird wahr, was in der bekannten Erfahrung ausgedrückt wird: Das erste Opfer eines Krieges ist die Wahrheit – und die Demokratie - könnte man ergänzen.

Auch im Fall des Ukrainekriegs ist die Komplexität des Sachverhalts, seine Entstehung, Entwicklung, sind Vergleiche mit ähnlich gelagerten Situationen von den einzelnen Bürgerinnen und Bürgern kaum mehr zu durchschauen. Die

---

[33] **Florian Warweg,** in: https://www.nachdenkseiten.de/?p=88618 zuletzt vorhanden (25.10.2022)

Ursachen, die jeweiligen Eskalationsstufen sind schwer nachvollziehbar und die Abgründe des Stimmengewirrs im Internet bietet da kaum Abhilfe.

Die beiden Beispiele COVID19 Pandemie und Ukrainekrieg dienen an dieser Stelle lediglich dazu, die Problematik zu klären, vor der die Gesellschaft steht, wenn komplexe, neuartige Gefahren auf sie zukommen und der 'normale' Fall des Aushandelns der Meinung, das Für und Wider politischer Stellungnahme und politischen Handelns nicht mehr funktionieren.

Diese Situation ist für liberal-demokratisch verfasste Gesellschaften wesentlich problematischer als für autokratisch verfasste. In einer Autokratie kann und wird von vornherein schneller ein Handlungskonzept – das ungeeignet sein kann – entwickelt und auf dieses die gesellschaftliche Kommunikation ausgerichtet.

In der liberal-demokratischen Gesellschaft wird – wie die Beispiele zeigen – ein sonst immer notwendiges und dann zusätzliches Protestpotential aufgebaut, das auf mangelndem Vertrauen beruht. Ob dieses zusätzliche Protestpotential zu Recht oder nicht zu Recht besteht, ist völlig irrelevant. Entscheidend ist vielmehr, ob und warum das Vertrauen in Politik, Kommunikation und demokratische Verfahren so gering sein konnte, um einen überdimensionalen Proteststurm hervor zu rufen.

Fehlendes Vertrauen kann jedoch niemals durch manipulative Kommunikation ersetzt werden. Vielmehr verstärkt und vertieft sie Misstrauen.

Wieder bietet sich hier eine im Grunde unzulässige Analogie an: wir können den geschilderten gesellschaftlichen Konfliktfall vergleichen mit dem elterlichen Erziehungsprozess, auf den die Kinder reagieren, den sie kennen, der die üblichen Reaktionen herausfordert. Die Kinder könnten aber auch neue Situationen spüren, erkennen oder hinter neuen elterlichen Maßnahmen vermuten. Kinder erkennen Gefahren nicht oder weniger oder anders als ihre Eltern. Immer ist das Ausgangsvertrauen eine Basis, auf der Reaktionen auf Erziehungsmaßnahmen aufbauen; seien diese geprägt von Protest, Verweigerung oder Duldung, Hinnahme und Verständnis.

In derselben Analogie weiß man, dass es äußerst fahrlässig ist, die Kinder zu unterschätzen, sie 'für dumm zu verkaufen', falsche Vergleiche, Ausflüchte bis Ausreden zu gebrauchen. Dass dies passiert, ist allein kein Unglück, aber bereits auf mittlere Sicht schwindet Vertrauen, wenn sich inkonsistentes, unglaubwürdiges Verhalten häuft.

Mindestens auf dieser Allgemeinheitsstufe, kann man behaupten, dass in einer liberal-demokratischen Gesellschaft entsprechendes Vertrauen verloren geht, wenn manipulativ regiert wird. Das Publikum will und muss ernst genommen werden.

Beispiel Klimawandel

Die Existenz eines Klimawandels, der erst in jüngster Zeit allgemein als 'menschengemacht' anerkannt ist, stellt ein weiteres Beispiel dar, anhand dessen man gesellschaftliches Denken, Fühlen und Handeln nachvollziehen kann und gerade auch in seinem Unterschied und seiner Besonderheit zum individuellen Denken, Fühlen und Handeln angesichts desselben Problems.

Das Beispiel ist gekennzeichnet durch folgende Eigenschaften, die etwas anders liegen als bei den bisher genannten:

Komplexe, globale Zusammenhänge

Sicher waren im Fall der Pandemie die Gefahren unbekannt und Maßnahmen wie die Reaktionen darauf, neu zu gestalten. Im Fall des Ukrainekriegs waren die voran gegangenen Entwicklungen komplex, durchaus global, aber nicht unklar und unbekannt. Sie waren und wurden moralisch entschieden. Im Fall des Klimawandels ist die Menge der möglichen Szenarien, die über einen Zeitraum mindestens einer Generation vor einer Gesellschaft steht, unüberschaubar und dennoch muss ein Blick in eine Richtung entwickelt werden. Die Herausforderungen, vor der denen die Gesellschaft steht, sind selbstgemacht. Das macht sie nicht einfacher – im Gegenteil.

Lösbar nur im internationalen System der Staaten

Die bisher, in manchen Fällen durchaus als Fortschritt zu bezeichnende Entwicklung der internationalen Beziehungen, ist noch weit entfernt von einem Gefüge des ernsthaften Umgehens miteinander, der Zuverlässigkeit und des Vertrauens, des Ausgleichs der Macht- und Ressourcen-verhältnisse, dass man große Hoffnung schöpfen kann, den Klimawandel begrenzen zu können. Vergleicht man die Bedingungen und Probleme, die zur Zeit der globalen Abrüstungsvereinbarungen des letzten Jahrhunderts herrschten mit den Bedingungen und Problemen, die wir heute bei den Herausforderungen des Klimawandels haben, wird erkennbar, dass ein Fortschritt oder ein Erfolg schon als Utopie erscheint.

Langfristiger Verlauf und ferne Perspektiven

Allein dieser Punkt übersteigt das Maß der bisherigen Krisen und den bei ihrer Bewältigung gemachten Erfahrungen. Bekanntlich wird bei diesem Thema von den Individuen verlangt, dass sie Gewohnheiten, ihren Lebensstil verändern sollen, dass liebgewordene, aber schädliche Annehmlichkeiten aufgegeben werden, dass z.T. Verzicht gefordert wird. Derartige Veränderungen müssen große Teile einer Generation erfassen, wenn sie überhaupt eine Wirkung erzielen können. Menschen in prekären Lebenslagen können diese Umstellungsleistungen überhaupt nicht erbringen, gehören aber – obwohl von großer Zahl – kaum zu den Geforderten. Menschen, die der Klasse der Superreichen angehören, haben in Größenordnungen einen 'ökologischen Fußabdruck', der jenseits von Gut und Böse liegt, so dass die Abschaffung dieser Klasse bereits ein

'Klimafortschritt' wäre.

Globale moralische Anforderungen

Den Herausforderungen des Klimawandels zu begegnen, sei eine Menschheitsaufgabe, heißt es. Gleichzeitig kann man Unterschiede im Diskurs zu den anderen Krisenbeispielen erkennen. Der Diskurs ist immerhin vielfältig aber nicht kommunikativ. Klimaleugner wurden mit dieser Bezeichnung zwar in eine Ecke gestellt, haben aber auch angesichts der nicht mehr zu ignorierenden Fakten, aufgegeben.

Die gesteckten Ziele kommen zwar zu spät, aber werden Stück für Stück konkreter:

- 2015 Pariser Klimaschutzabkommen mit vereinbarten Klimazielen (2° C Ziel)

- Koalitionsvertrag GroKo: Treibhausgas bis 2020 um 40% senken gegenüber 1990

- 20.9.2019 Klimapaket der Bundesregierung

- Klimaschutzprogramm: bis 2030 senken um 55%

- 2050 CO2-Neutralität

- Kohleausstieg: Bis Ende 2022 8 rheinische Kohlekraftwerke schließen, 11 weitere bis 2029,

- 2038 alle 29 Braunkohle und 37 Steinkohlekraftwerke abschalten

Bei der Diskussion, wie man dem Klimawandel begegnen kann, gibt es eine große Methodenvielfalt von Greenwashing, Geoingeneering, Postwachstum, Kapitalismustransformation, Ökodiktatur. Der Diskurs zerfällt in Mobilitätswende, Energie-wende, Umweltschutz, Regionalisierung, Recycling-Re-Use, Agrarwende, Klimagerechtigkeit, Ressourcenschonung. Um welche Adressaten es geht?

Antworten zu dieser Frage mangelt es nicht an Vielfalt. Gemeint sind in der Regel die vielen Individuen, die ihr Verhalten überdenken und ändern sollen und die Politik, die im Übrigen immer als Ansprechpartner dient, deren Kompetenz im internationalen Rahmen aber äußerst begrenzt ist. Global agierende Rohstoff-Konzerne und ihr Mobilitätsbedarf und globale Kapitalverwaltungen sitzen höchsten indirekt bei COP-Konferenzen an den Verhandlungstischen. Dass Kriege u.a. die größten Umweltverbrechen sind, scheint offiziell kein Problem zu sein. Desgleichen die Ressourcenvernichtung durch Aufrüstung.

Krise des Kapitalismus

Die sehr kurz geschilderten vier kennzeichnenden Eigenschaften der Klimakrise bedeuten zweifellos, dass eine globale Krise der Menschheit vorliegt.

Die menschliche Gesellschaft lebt zwar überwiegend in der Form des Kapitalismus. Aber, dass diese Gesellschaftsform die Probleme hervorgerufen hat und befeuert, wollen Wissenschaft und Politik nicht allzu deutlich ausdrücken. Diese Feststellung ist selbst in der klimakritischen Bewegung nicht selbstverständlich.

Gleichzeitig kann es kaum und wird es auch fast nie bestritten, dass es **die** Lebensbedingung des Kapitalismus ist, dass das Kapital wächst und deswegen u.a. die Verbrauchermärkte ausgeweitet und verschönert werden müssen. Letzteres bewirkt den Verbrauch aller verfügbaren Ressourcen, in erster Linie den kostenlosen Verbrauch der Umwelt. Das Maß des unabdingbaren Wachstums ist das BIP, in dem völlig 'neutral' nützliche, schädliche, selbst zerstörerische und tödliche Aktivitäten aufsummiert werden und ein 'Naturverbrauch' überhaupt nicht zu Buche schlägt.

Man darf es sich allerdings auch nicht zu leicht machen. Wenn man sagt, der Kapitalismus ist schuld und damit die Analyse beendet, hebt man jegliche Verantwortung der Individuen, aber auch der Gesellschaft auf. Aber die Eigenheiten dieser

Gesellschaftsform müssen im Einzelnen analysiert werden. Einige dieser systemischen Eigenheiten haben für unser Thema 'Wie die Gesellschaft denkt und fühlt' entscheidende Bedeutung.

Kapitalismus ist wandelbar, flexibel und unschlagbar

Er ist alternativlos – zumindest stellt er sich so dar. Und nachdem eine sich selbst so gebende sozialistische Alternative schmählich gescheitert ist, gilt das erst recht.

Für unser Thema ist der Kapitalismus die Luft und die Welt, in der wir leben, er stellt eine quasi-Natur dar. Ob wir das wissen, zu wissen glauben, ob wir liberal oder diktatorisch regiert werden, ob wir in einer jungen oder gealterten Gesellschaft leben – in jedem Fall denkt die Gesellschaft, handelt sie automatisch im 'kapitalistischen' Rahmen. Denn gerade die elementaren, individuellen, menschlichen Bedürfnisse sind der Schlüssel, für die Überführung von Bedürfnissen in Nachfrage am Markt. Einem Markt, der im Kleinen und bis zu einer bestimmten Größe durchaus Sozialität und Demokratie vermittelt und die Fragen der Produktion, wo die lebensnotwendigen und die lustvoll angenommenen Güter herkommen und wie sie entstehen ins Dunkel stellt.

Das gilt auch, wenn wir über Alternativen und Utopien sprechen. Auch dann und gerade dann ist es besonders wichtig, sich das Wesen, die Eigentümlichkeiten und – ich greife voraus – die Schicksalhaftigkeit dieser Gesellschaftsform vor Augen zu führen, nachdem sie die globale Entfaltung erreicht hat.

Man muss die Fakten von den Umweltkatastrophen, der globalen Hungersnot bei gleichzeitig unvorstellbarer Verschwendung, den Wirkungen und Risiken der ökonomischen Krisen und Zusammenbrüche nicht noch einmal und immer wieder benennen, um den Kapitalismus als barbarisch, überkommen und wider jede menschliche Vernunft geißeln zu können. Es ist und bleibt je länger umso dringlicher wahr: Eine andere

Gesellschaft, als die auf der Basis und nach den Regularien des Kapitalwachstums ist nötig! Aber ist sie auch möglich?

Eine Alternative ist möglich?

Die Gedanken und Theorien über Alternativen, über Utopia und Sozialismus sind Jahrhunderte alt und mit jeder Krise des Kapitalismus entstehen neue und alte werden runderneuert. Keine 100 Jahre dauerte ein realer Sozialismus, der anders als mehrere sozialistische Experimente immerhin globale Wirkung und Folgen zeitigte. Sein Scheitern ist kein Beweis für die Unmöglichkeit einer 'anderen Welt', aber lehrreich allemal.

'Beweise' und Argumente für die Unmöglichkeit einer anderen globalen Welt als der kapitalistischen werden hier und im Folgenden angeführt. Beweise, die die intrinsische Stärke und Lebenskraft des Kapitalismus anführen. Gleichzeitig aber auch die Notwendigkeit und politische Möglichkeit von Veränderung der Welt für Überleben und Durchsetzung des Humanen begründen und zwar auf der Basis der immer konkreteren und realistischen Kenntnis des globalen Kapitalismus.

Die 'Beweisführung' wird und muss damit beginnen, die inneren Gesetzmäßigkeiten, Triebkräfte und Potenzen des Kapitalismus zu benennen. Neue Theorien sind dafür nicht erforderlich, existierende Theorien und bekannte Fakten sind ausreichend, um nicht nur die Überlebensfähigkeit des Kapitalismus als flexibles, anpassungsfähiges und dynamisches System zu begründen, sondern darüber hinaus seine Dominanz und Hegemoniefähigkeit gegenüber jedem anderen denkbaren, auf humanistischen und rationalen Grundlagen basierendem, politisch machbaren System.

Grundlegend, keineswegs Ausschlag gebend für die Überlegenheit des kapitalistischen Systems ist seine innere Konsistenz unabhängig davon, ob man diese nach der marxistischen 'Fremdbeschreibung' oder beliebigen 'Selbstbeschreibungen' untersucht. Man muss auch keineswegs die jeweils radikalsten

Varianten heranziehen. Die entscheidenden Faktoren seiner Überlegenheit sehe ich (ohne Anspruch auf Vollständigkeit und Wertigkeit) in folgendem:

- in seiner Selbststeuerung und Spontaneität,

- in seiner komplexen Ausgestaltung und damit verbundender Akzeptanz einer Geldgesellschaft,

- in seiner Freigabe bzw. Adaptionsfähigkeit jeglicher (Gruppen-)individueller Dynamik,

- in seiner Immunität und Abwehrkraft gegen Systemüberwindung basierend auf diesen genannten Punkten.

Zur Demonstration, weniger zur Begründung dieser Eigenschaften relativ unsystematisch und unvollständig hier einige Sätze, die diese Punkte unterlegen bzw. verständlicher machen können. Wesentlich ist dabei vor allem, die Wirkmächtigkeit und den inneren Zusammenhang dieser Dynamiken zu verstehen. Zur Verdeutlichung muss ich gelegentlich Situationen aus realsozialistischen Zusammenhängen heranziehen. Dies sollte nicht verstanden werden, dass natürlich gegenüber einem 'schlechten' Sozialismus ein 'normaler' Kapitalismus überlegen ist, sondern sollte lediglich als Illustration gewertet werden, um eine kapitalistische Eigenschaft durch ein 'Extrem' bzw. eine 'Alternative' zu charakterisieren.

Schon die erste genannte Stärke des Kapitalismus, seine Selbststeuerung und Spontaneität kann am besten durch seine Alternative beschrieben werden.

Für jedes Gesellschaftssystem, das rationale Verfügung und Nutzung von Natur- und gesellschaftlichen Ressourcen und deren minimal gerechte und demokratisch legitimierte Verwendung regelt, stellt sich die Frage nach den Subjekten von Planung, Entscheidung und deren Legitimation.

Dieser Basisfrage und ihren komplexen Folgeproblemen entzieht sich der Kapitalismus. Privateigentum und –nutzung gehört bei total ausgeblendeter Entwicklung der privat angeeigneten Sache zu seinem konstituierenden und unveräußerlichem Setting. Dass es zu diesem unverzichtbaren Setting gehört, wird durch die andern genannten Wirkmächtigkeiten (individuelle Selbstbestimmung, Geldäquivalenz aller Bedarfe, Immunität) abgesichert.

Natürlich erfordert die Regulierung gegeneinander stehender Privatnutzungen ein aufwändiges Rechtssystem, das Spontaneität und Selbststeuerung einengt. Aber dank einer unangefochtenen 'Natürlichkeit' des Geldes, mit dem alles gewogen und verglichen werden kann und 'freien' Austausch erlaubt, konnte ein derartiges Rechtssystem im Laufe der Zeit etabliert werden und den Eindruck von Gerechtigkeit aufgrund dieses freien Austausches erwecken. Dem Rechtssystem wird auf dieser Basis – im Rahmen des Settings – sogar selber die Fähigkeit zur Selbststeuerung verliehen.

Die Selbststeuerung verleiht dem System auch die erforderliche Autorität. Resultate und Fakten – namentlich die aus individueller Sicht negativen – können lautstark kritisiert werden. Als Sachzwänge sind sie keiner Autorität zuordenbar, keiner Partei oder Regierung. Lediglich in ihrer Wahrnehmung und Priorisierung können (Fehl)einschätzungen menschlicher Verantwortung zugeschrieben werden. m.E. übrigens ein Grund für die sog. 'Politikmüdigkeit', die sich im Frust und Misstrauen gegenüber jeglicher Art von Regierung, gegenüber einer anonymen Bürokratie etc. bemerkbar macht. Akzeptiert bleibt demgegenüber die anonyme Macht des Marktes, dem die Eigenschaften eines gewöhnlichen Wochenmarktes und damit Selbstverständlichkeit unterstellt werden. Die allgemein gültigen Sprachregelungen von Arbeitnehmern, -gebern, Konsumenten, Kunden und Anbietern, deren Waren zu kaufen oder nicht zu kaufen jedermann frei stünde, verfestigen dies fortwährend.

Der Verlauf der Eigenentwicklung des Systems ist analog zu natürlichen Systemen auch keineswegs kontinuierlich. Im Gegenteil: dynamische Perioden und Umstände wechseln sich ab oder degenerieren zu stagnierenden, unbedeutende entwickeln sich zu (überlebens)-notwendigen, isolierte zu globalen Problemen. Die Analogie zu natürlichen Systemen und deren Entwicklung möchte ich besonders betonen und spreche im folgenden immer von 'quasi-natürlichen' Phänomenen. Ein Wesenszug des kapitalistischen Systems besteht ja geradezu in der produzierten und verbreiteten Meinung, alles würde selbstverständlich, quasi natürlich, gewaltlos geschehen – auch und besonders im Gegensatz zu allen 'künstlichen', von Menschen und deren Ideologien 'gemachten' und damit zwanghaften und Zwang erzeugenden Systemen.

Die genannte, in Ausmaß und Qualität diskontinuierliche Dynamik mit ihrer quasi-natürlichen Spontaneität ist auch der Grund für eine als 'spannend' wahrnehmbare Welt. Die Eintönigkeit und Langeweile eines Systems etwa, das alle steuerbaren Lebensrisiken entkräftet hat und zu wenig neue, interessante Ablenkungen hervor brachte – wie z.B. das real-sozialistische – widerspricht dem Orientierungs- und Erlebnisbedürfnis flexibel interpretations- und handlungsfähiger Wesen. Dass der Kapitalismus dieses Bedürfnis bzw. diese Fähigkeit durch ungezügelte, bliebig animierende Warenproduktion befriedigt, wird zwar von Minderheiten kritisiert, im Effekt werden aber dadurch menschliche Bedürfnisse gestaltet bzw. neue geschaffen. Dem System kommt es lediglich darauf an, Bedürfnisse zu nutzen, seien es kurzfristige, langfristige, künstlich erzeugte, natürliche oder wesentliche. Entscheidend für ihre Nutzung ist die Größe und Relevanz eines (vermuteten) Marktsegments, das 'bedürfnis- und bedarfsgerecht' geschaffen wird.

Die zweite genannte Wirkungsmacht des Kapitalismus, seine Transformation jeder Geld als Tauschmittel nutzenden Gesellschaft hin zum Kapitalismus geschieht ebenfalls quasi-natürlich ohne zentralistische Eingriffe und Absichten.

Umgekehrt: eine Geldgesellschaft, in der Geld lediglich ein

bequemes Tauschmittel unterschiedlich produzierender und konsumierender Gruppen und Individuen bleiben soll, bedarf des Eingriffs und der Steuerung verantwortlicher Institutionen. (Einen Rückzug auf eine Gesellschaft mit Naturalwirtschaft schließe ich hier als Utopie aus!) In jeder Geldgesellschaft mit Eigentumsdominanz bleibt der Doppelcharakter der Waren erhalten. Um den kapitalistischen Kreislauf 'Geld – Ware – Geld++', der genau die kapitalistische Dynamik in Gang setzt, zu verhindern, wären Gesellschaftsverträge mit Einschränkungen und Verboten von Nöten.

Um es einfach auszudrücken: Geld in seinen Eigenschaften und möglichen Funktionen erst einmal akzeptiert, verlangt dann keine weitere Begründung, weshalb es Kapitalismus nicht geben sollte.

Die dritte genannte Wirkmächtigkeit des Kapitalismus., seine Offenheit gegenüber jedweder rationalen oder skurrilen (Gruppen-)individueller Dynamik steht scheinbar im Gegensatz zu der von mir als vierte Wirkmächtigkeit genannten Immunität gegenüber Systemveränderung. Der Widerspruch löst sich auf, wenn man diese Offenheit genauer beschreibt. Sie besteht in der Fähigkeit, fremde Ziele, Bedürfnisse und Ansprüche mit den eigenen flexiblen Angeboten zu nutzen, aufzusaugen, zu formen bzw. zu pervertieren.

Wolfgang M. Schmitt (YouTube-Kanal Die Filmanalyse): *"Gerade weil der Kapitalismus nicht an traditionellen Werten, an konservativen Werten interessiert ist, konnte er sich auch sämtliche Protestbewegungen kapitalistisch einverleiben. Wie Marx es bereits im kommunistischen Manifest beschrieben hat, lebt der Kapitalismus von disruptiven Kräften, aus denen er sich letztlich schöpferisch erneuert, um auf eine bessere, schnellere, effizientere Ebene zu gelangen."* [34]

---

[34] Wolfgang M. Schmitt, »Digitalisierung bedarf des aufgeklärten Bürgers« in: INDES, Zeitschrift für Politik und Gesellschaft, Heft 2, 2018

Das Bedürfnis nach Orientierung und Information wird z.B. zugeschüttet durch täglich Neues, sensationell-Aufregendes, das Bedürfnis nach Ästhetik, künstlerischen Ausdruck etc. wird in Warenästhetik und einer Kultur, die als Branche firmiert, erledigt. Das Bedürfnis, Neues zu wagen, Überholtes zu kritisieren, die Verhältnisse zu ändern wird der Beliebigkeit und Ziellosigkeit und damit der Wirkungslosigkeit preisgegeben. Entsteht zufällig doch einmal eine Kraft, die nicht negiert oder umgeformt werden kann, die mehr oder weniger direkt und unveränderlich auf eine Systemveränderung hinarbeitet – wie etwa eine antikapitalistische Linke – tritt die Immunität in Kraft: jede linke Kraft, die historisch oder aktuell eine System-veränderung anstrebt, hat dies bisher entweder in einer scharfen, sog. revolutionären Weise angestrebt oder in einer sanften, reformistischen, heute transformatorisch genannten Weise.

Die Immunität gegen Systemveränderungen der revolutionären Art wird erfolgreich durch die Marktbeherrschung der Bedürfnisse der öffentlichen und Mehrheitsmeinung, die quasi-Natürlichkeit und Alternativlosigkeit gestärkt. Vor allem aber wird sie gestärkt durch Auslagerung des Prekären durch Spaltungen der nationalen oder internationalen Gemeinschaften Die schädlichen Auswirkungen und Lasten eines freien Kapitalismus tragen Schichten, Länder, Erteile, die nicht gebraucht werden, also irrelevant sind oder die beherrscht werden können. Nur in diesen 'Randbereichen', die zahlenmäßig immer die Mehrheit repräsentieren, muss ab und zu Gewalt angewendet werden, um diese Immunität zu sichern.

Den demokratischen, transformatorischen Prozess einer Sys-temänderung beherrscht das kapitalistische System allerdings souverän. Denn Mehrheiten in geeigneter Weise zu finden, zu stabilisieren und in Stellung zu bringen wäre für es ein Leichtes. Die gegenwärtigen und hier bereits erwähnten Krisen sprechen eine deutliche Sprache. Anders als für linke Systemveränderer können mit kapitalistischen Mitteln die Machtfragen, die sich früher oder später stellen würden, mit 'demokratischen' Mitteln entschieden werden. Allein schon deswegen, weil immer medial Mehrheiten formiert werden können, die eine Systemalternative aus Existenz- und anderen Verlustängsten verhindern wollen.

Eine Aufgabe bleibt

Mit dieser Sicht auf einen praktisch unüberwindlichen Kapitalismus stellt sich die Frage, welche Handlungsoptionen bleiben uns, wie kann und muss eine Gesellschaft Verantwortung übernehmen. Auch diese Frage stellt sich für Individuen in völlig anderem Rahmen als für ihre Gesellschaften.

Was heißt Verantwortung einer Gesellschaft? Worin besteht die Aufgabe und das Ziel einer sich antikapitalistisch nennenden, linken Bewegung im Rahmen der Eigenbewegung des Kapitalismus mit seinen unbestreitbar gravierenden globalen Problemen?

Denn dass dieser etwa die Energie-und Wasserverteilungsprobleme nicht wird lösen können, die noch nicht einmal ihre volle Schärfe entfaltet haben, erkennt man an seiner Unfähigkeit, die Welthungerkatastrophe auch nur zu mildern, für die er sogar verantwortlich ist.

Man muss den Kapitalismus im Lebenszyklus der gesamten Menschheit betrachten, um zur obigen Frage nach gesellschaftlicher Verantwortung Sinn und Antwort zu finden:

Die Gattung Mensch hat ihre Dominanz im Kosmos ausgebaut und gesichert. Ausgestattet mit Vernunft, Neugier und darauf bauend mit einem äußerst flexiblen Handlungsspektrum, begabt mit Sprache und später folgend ihrer Fixierung in Bild und Schrift und damit einer Potenzierung ihrer Fähigkeiten durch die Akkumulation des Wissens, Könnens und Strebens vergangener Generationen, ist der Menschheit das gelungen.

Diese Gesellschaftlichkeit des Naturwesens Mensch **könnte** ihm diese Dominanz weit über seine natürliche Lebensdauer als Art sichern. Es gibt kaum noch natürliche Kräfte, die eine seiner

Art adäquaten Existenz entgegenstehen – außer den von ihm selbst erzeugten Gefahren. Und damit schließt sich für mich die dialektische Einheit von Natur und Gesellschaft.

Natürlichkeit endet nicht einfach mit entwickelter Gesellschaftlichkeit der menschlichen Art und Natürlichkeit impliziert immer auch Werden und Vergehen. Mit dem entwickelten Kapitalismus hat der Mensch sein natürliches Vergehen, seinen Untergang nicht aufgelöst, nicht ersetzt, sondern im dialektischen Sinn weiterentwickelt.

Mit dieser Sichtweise kann der globale Kapitalismus in der Metapher eines Baumes bzw. Urwaldes betrachtet werden, der losgelöst von ehemals menschen-gemachten Wurzeln sich in eigenen Gesetzmäßigkeiten ausbreitet. In Teilen in wildblühender Fruchtbarkeit und Farbenpracht, in anderen Teilen absterbend, faulend. Immer aber nicht mehr rückholbar vom Menschen mit der Möglichkeit und realer Drohung, dessen Untergang zu werden. Eines Untergangs, der von Natur aus gesehen schon aufgehoben war.

Bleibt man bei dieser Metapher, dann kann Motiv und Ziel einer sich fortschrittlich nennenden politischen Bewegung nicht mehr die Ablösung des Kapitalismus als globale, autonome Lebensbedingung sein, sondern die Entwicklung einer Überlebensstrategie des Humanen in einer feindlichen Umwelt. Ein Kampf Mensch gegen 'quasi-Natur' auf höherem Niveau als der vor 10 000 Jahren. Jener Kampf wurde nicht geführt unter dem Motto 'Abschaffung der Natur', sondern sicherte in Teilbereichen ein Überleben mit Mitteln der Natur.

Schlussfolgerung

Bei bestimmten Krisen muss also der ganze Kapitalismus in den Fokus genommen werden. Solange die Klima-Krise nicht als die Krise des Kapitalismus erkannt wird, werden alle relevanten medialen Kräfte auf die Individuen einwirken, dass 'wir' die Krise meistern werden, wenn jede und jeder sich seiner

Verantwortung bewusst wird. Und zusätzlich wird die Phalanx derjenigen gestärkt, die in technischen Fortschritten die Lösung für gesellschaftliche Probleme sehen.

Zwar ist der Appell an die Verantwortung der einzelnen Menschen nicht falsch und jede und jeder muss sich ohnehin dieser Verantwortung bewusst oder unbewusst stellen. Aber ein Problem, das aus dem Kern dieser Gesellschaftsordnung des Kapitalismus erwächst, erfordert an dieser Stelle auch die richtige Perspektive für eine mögliche Lösung.

Wie schon erwähnt, kann jede Krise auf den Kapitalismus zurückgeführt werden. Die Allgemeinheit dieser Aussage macht sie jedoch zu einer Trivialität. Ein derartige Aussage ist bedeutungslos und damit folgenlos.

Krisen, die aus dem globalen Miteinander der Staaten erwachsen und bis zu Kriegen eskalieren, können und müssen auf anderem Niveau gelöst werden. Fortschritte im Völkerrecht und mit den Institutionen der UNO wurden erreicht, sind aber noch bei weitem nicht ausreichend, um die Zahl der Konflikte und Kriege zu verringern. Die globale Ressourcenfrage und die Lage der Völker, die keine 'Völkerrechtssubjekte' darstellen sind immer noch die wesentlichen Krisen- und Kriegsursachen. Aus Gründen der historischen Erfahrung der Menschheit und dem verfügbaren Zeithorizont für die Entwicklung brauchbarer Verbesserungen in diesem Sektor, können wir optimistisch in die Zukunft sehen. Bei der Klimakrise muss Optimismus noch warten.

Teil 3: Spezialfälle

Im folgenden dritten Teil dieses Buches soll anhand auffälliger, aber durchaus willkürlich herausgegriffener Fälle anschaulich gemacht werden, was in den voran gegangenen Kapiteln oft abstrakt oder subsumiert unter allgemeineren Aspekten behandelt wurde.

Wessis und Ossis im vereinten Deutschland

Das Phänomen

Zwei bis drei Generationen sind nach 1945 im getrennten Deutschland unter sehr verschiedenen politischen Systemen aufgewachsen. Die erste dieser Generationen mit erlebten Verhältnissen im Deutschen Reich, mit Erfahrungen einer Diktatur und Kriegsgeschehen. Ein relevanter Teil dieser Generation nahm die Parole 'Nie wieder Krieg, nie wieder Faschismus' ernst und konnte von Überlebenden der KPD, auch Sozialdemokraten, überzeugt werden und unter dem Schutz der sowjetischen Besatzung versuchen, eine andere Gesellschaft aufzubauen.

Viele wussten und wollten bereits damals, dass dieser Versuch fehlschlug und heute müssen sich auch diejenigen das eingestehen, die bis zuletzt daran glaubten.

Hier geht es nicht darum, die Gründe für dieses Scheitern im Einzelnen nachzuweisen, zu gewichten, Fehler zu analysieren oder auch festzuhalten, was WIR daraus lernen könnten.

Im Rahmen unserer Themenstellung geht es mir darum, das gesellschaftliche Denken und Fühlen über diese wahrhaft historische Periode zu fassen und in einigen Aspekten zu vergleichen. Denn, dass eine Gesellschaft der Deutschen über 40 Jahre so getrennt gelebt hat und jetzt – 35 Jahre nach dieser Trennung - immer noch mit Kategorien wie Ossis und Wessis zu tun hat, darüber streitet, kann einigen Aufschluss geben, wie gesellschaftliches Denken doch eine ganz andere Ebene ist, als die Ebene der persönlichen Erlebnisse.

Ein zweiter Aspekt in diesem Zusammenhang, der hier eingeordnet werden kann besteht in folgendem: Die nachträgliche Einordnung und Bewertung der in zwei Systemen getrennten deutschen Gesellschaft kann, wird und muss verglichen werden mit der nachträglichen Einordnung und Bewertung der gesellschaftlich gemeinsamen Zeit während der Nazidiktatur von 1933 – 1945.

Zunächst ist festzuhalten, dass das gesellschaftliche Nach-Denken über die Trennung, also der Diskurs im öffentlichen Raum nicht stattfand. In diesem Phänomen verhielt sich die Gesellschaft, d.h. beide Gesellschaften ähnlich stumm wie im Fall der sog. Aufarbeitung der Nazidiktatur, die praktisch erst in der Folgegeneration begann. Betrachtet man Gesellschaften als lebendige Wesen und zusammenhängenden Organismus, scheint es einleuchtend zu sein, dass dieses Wesen nach solchen Ereignissen Zeit braucht, um überhaupt sich eine Meinung bilden zu können.

Eine derartige Stumm-Phase von zeitlicher Länge einer halben Generation lässt sich auch bei anderen nationalen Gesellschaften feststellen, die aktiv oder passiv beteiligt, betroffen waren von Krieg, Völkermord, aber auch einschneidenden Naturkatastrophen. Das sehr unterschiedliche Ausmaß solcher Katastrophen spielt dabei keine wesentliche Rolle für diese Phase der Verzögerung, in der Erlebnisse, Traumata, Schuld- und Gerechtigkeitsfragen kollektiv, aber stumm bearbeitet – besser: liegen gelassen - werden. Das geschieht nicht nur, weil in der Regel nach derartigen Katastrophen zunächst und nahe liegend die Zerstörungen, der Schutt beseitigt wird: der materielle Schutt der Zerstörungen, noch nicht der geistig-moralische.

Es könnte noch angehen, diese Stumm-Phase der Gesellschaft bei der Verarbeitung zurück liegender traumatisierender Erlebnisse zu vergleichen mit dem entsprechenden, analogen Fall bei Individuen, die traumatisiert wurden. Rein zeitlich gesehen und von den danach stattfindenden psychischen Phänomenen der Erinnerungslücken, Umdeutungen, Einordnungen des Traumageschehnisses sind die Entwicklungen im gesellschaftlichen Fall äußerst unterschiedlich.

Außer in sehr seltenen Fällen, werden Individuen die Verarbeitung ihrer Vergangenheit nicht in gespaltenen Persönlichkeiten ausleben, auch wenn diese Vergangenheit nach außen hin auffällige Inkonsistenzen aufweisen mag.

Im gesellschaftlichen Leben und Erinnern sind deutlich unterscheidbare und grundsätzlich verschiedene 'Verarbeitungen' möglich. Es sind Unterschiede möglich, die sich an vorhandenen oder neuen Bruchlinien der Gesellschaft festmachen lassen.

Gesellschaft als lebender Organismus ist immer als historisch geworden aufzufassen, was bedeutet, dass eine große, unbekannte Anzahl von Individuen, aufgrund geografischer, historischer, kultureller, sozialer, politischer Ereignisse – in welcher Folge und welchem Zusammenwirken auch immer – sich als zusammengehörig gefühlt hat und diesem Gefühl in der Wahrnehmung, im Handeln Ausdruck verleiht. Aus diesem Ursprung ergibt sich im steten Wandel auch andererseits die Möglichkeit des Auseinanderdriftens, der Gegnerschaft(en) und der Spaltung. In den Begriffen wie 'Nationbuilding', des 'failed States', in den Tatsachen der Bürgerkriege, die durch ethnische, religiöse, Macht- Konkurrenz- und Abhängigkeitsverhältnisse vordergründig motiviert werden, spiegelt sich die Zerbrechlichkeit einer Gesellschaft wider.

Dem gegenüber können die Motive des Zusammenhalts einer Gesellschaft wie Sprache, Gründungsmythen, kulturelle Rituale u.a. leicht in Vergessenheit geraten.

In diesem Licht müssen auch Entwicklungen betrachtet werden, die zugespitzt bis zu politischen und militärischen Reaktionen z.B. im Fall Jugoslawiens und der Ukraine geführt haben.

Hier stelle ich allerdings den historisch aktuellen gesellschaftlichen Prozess der sog. Aufarbeitung der 'beiden deutschen Diktaturen' zur Diskussion – immer unter dem Blickwinkel "Wie Gesellschaft denkt und fühlt".

Bereits die Herausstellung der beiden deutschen Diktaturen

unter den von Hannah Arendt in *Elemente und Ursprünge totaler Herrschaft* beschriebenen gemeinsamen Phänomenen ohne weitere Differenzierung der äußeren historischen Bedingungen und der inneren politischen Bewegungen dieser Diktaturen stellt eine Ursache dar, aufgrund welcher sich der mittlerweile öffentlich ausgetragene Streit zwischen Ossis und Wessis entwickelte. Ein Streit, der nach einer neuen Generation ohne 'Ossi-Gesellschaft' in den Vordergrund tritt.

Der eigentliche und klare Unterschied zwischen den 'beiden' Diktaturen wird negiert. Die eine Diktatur gestützt von der breiten Mehrheit der Bevölkerung einschließlich einer Masse ehemaliger linker und KPD-Wähler für diese Diktatur, die sich sozial gegenüber 'Volksgenossen' gibt und einer Diktatur, die von einer Mehrheit abgelehnt und als aufgezwungen erlebt wird und elementare gesellschaftliche Alternativen zum Kapitalismus versucht. Letztere lediglich unterstützt von ehemals Verfolgten, gestützt durch eine Besatzungsmacht.

Die eine Diktatur, die aus nationalistischen und rassistischen Gründen die Welt in einen Weltkrieg stürzt und mit Hilfe aller staatlichen Organisation einen Völkermord initiiert. Die andere Diktatur, die sich im Rahmen des kalten Krieges an einer ungeliebten Seite orientiert und mit der Parole 'Nie wieder Krieg, nie wieder Faschismus' die Hauptlast der Reparationen trägt, während die andere Seite überzeugt von den Segnungen der ökonomisch stärkeren Bataillone sich moralisch befreit in den eigenen Wiederaufbau stürzt.

Diese und weitere wesentlichen Unterschiede und solche, die daraus folgen, werden ignoriert bzw. auf beiden Seiten propagandistisch verstärkt und verfestigt. Sie wurden erneut virulent, nach einem glücklichen Vereinigungsprozess – besser: Übernahmeprozess - der im Wesentlichen dem friedlichen Untergang der ungeliebten sowjetisch-russischen Seite zu verdanken ist.

Die dominante, westliche Seite vergleicht und bearbeitet beide Diktaturen mit derselben Methode. Sie ermittelt moralisch und strafprozesslich die Verantwortlichen dieser Diktaturen und ihrer Verbrechen, die nicht entfernt vergleichbar sind. Sie erinnert an Aufstehen und Widerstand und sanktioniert Menschen, die systemnahe Funktionen ausgeübt hatten. Sie erwartet durchweg Zustimmung und Erleichterung vom so befreiten Bevölkerungsteil, der dies auch ausdrückt. Sie investiert für lange Zeit enorme Beträge, um äußerlich sehr erkennbare Unterschiede zu beseitigen.

Der Bevölkerungsteil im Osten nimmt gleichzeitig einseitig die Lasten des ökonomischen Vereinigungs- bzw. Übernahmeprozesses in Kauf, hat aber zum größeren Teil ganz andere Vorstellungen von einer Vereinigung. Der Ausdruck 'Jammer-Ossis' beschreibt diese Haltung nicht nur völlig unzutreffend, sondern verweigert die Anerkennung der tiefer liegenden Anliegen des betroffenen Bevölkerungsteils. Es ist das Anliegen, dass der entbehrungsreiche Aufbau einer alternativen, gerechteren Gesellschaft leider nicht geklappt hat, aber immerhin gewürdigt werden sollte, wobei ehrlich Erfolge, Fehler und Erkenntnisse aus beiden Gesellschaften verglichen werden.

Diese ausgebliebene Anerkennung und die realen und moralischen Enttäuschungen führen nach Jahren der Stummheit zu Ausbrüchen, die dokumentarisch, literarisch, publizistisch nur ein Ergebnis zeigen: der innere, von allen gewollte Vereinigungsprozess ist unvollendet geblieben.

Unter diesem Blickwinkel der ausgebliebenen Anerkennung wird auch klar, warum weder individuelle Rechtfertigung noch Hinweis auf individuelle Lebensleistung in der sozialistischen Diktatur Befriedung und Befriedigung bewirken können. Es geht um die Anerkennung der Gesellschaft als solcher, damit Individuen sich dort positiv wieder finden können.

Die individuelle Einordnung in die Nazi-Gesellschaft ist bei den monströsen Verbrechen, die wegen ihrer Zustimmung auf der ganzen Gesellschaft lasten, in keinem Fall möglich. Hier half nur die Tatsache, dass die Rückkehr des eigenen Krieges Opfer über die Maßen im Bombenhagel, in Flucht und Vertreibung forderte.

Man war Opfer bis auf die Wenigen, die Widerständler waren. Später war man noch 'Weltmeister' der Aufarbeitung der 'Naziverbrechen', die keineswegs die Verbrechen der deutschen Gesellschaft zwischen 1933 und 1945 sein durften.

Inzwischen ist viele Jahre später die Zeit, in der geopolitische Auseinandersetzungen erneut auftreten und die auf der Seite des 'Westens' mit 'Moral'- und 'Motiv'-Argumenten geführt werden, die besagen, dass Demokratie Synonym für 'das Gute, Freiheit und Frieden' ist, während Authoritarismus als Synonym für 'das Böse, Unfreiheit und Krieg' steht.

Links und Rechts im politischen Spektrum

Freiheit, Gerechtigkeit, Nationalismus

Seit der französischen Revolution haben sich in Europa nur wenige politische Strömungen herausgebildet, die sich über die weiteren Entwicklungen und Brüche hinweg erhalten haben. Die sich natürlich auch ihrerseits immer wieder verändert haben, wenngleich sie als Grundströmungen erkennbar blieben und auch in der öffentlichen Meinung einen gewissen Gebrauchswert und eine Orientierung in der Vielfalt der Meinungen erlaubten. Ich meine damit die politischen Strömungen des Konservativismus, des Liberalismus und der Arbeiterbewegung, die ich hier als Strömung für Gerechtigkeit und sozialen Ausgleich bezeichnen möchte. Die Begriffe der politischen Rechten, der Mitte und der Linken haben sich dafür eingebürgert.

Statt des klassischen 'Freiheit, Gleichheit, Brüderlichkeit' der französischen Revolution habe ich Freiheit und Gerechtigkeit als Basisforderungen gesetzt. Auch wenn Nationalismus – man kann das bedauern - immer zu den Grundströmungen zählte und durchaus im Rahmen der Europäischen Union stärker in den Hintergrund gedrängt wurde, ist der Grundgedanke des Nationalismus nicht verschwunden und scheint in letzter Zeit wieder stärker hervor zu lugen. Oft konnotiert mit dem Begriff des Populismus. Nach meinem Dafürhalten eher ein Kampfbegriff, der alle politischen Richtungen ausgrenzen soll, die von der 'demokratischen Mitte' abweichen. Populismus im ursprünglichen Sinn sollte eher Methoden kennzeichnen, mit denen in einfacher Sprache und Programmatik eine politische Richtung für sich Werbung betreibt. Methoden, von denen in einer Demokratie mit konkurrierenden Programmen jede Richtung und auch eine Mitte nicht frei ist.

Aufgrund ihrer historischen Beständigkeit stellen diese Grundströmungen Muster des gesellschaftlichen Denkens und Handelns – also der Politik – dar. Sie gehören daher wie andere von mir herausgegriffene Phänomene zu den allgemeinen, gesellschaftlichen Denkformen der Wahrnehmung, Erinnerung, Verarbeitung, Moral.

Hierzu ein Versuch mit einer ersten These: Die Gesellschaft verändert sich ständig, aber nicht gleichmäßig. Zeiten stärkerer Veränderung fördern Neigungen, die man den drei genannten politischen Grundströmungen so zuordnen könnte:

Konservativismus nimmt zu, wenn stärkere, intensivere, plötzliche Veränderung auftritt bzw. Anpassung gefordert ist.

Liberalismus nimmt zu, wenn soziale Grundbedingungen weitgehend bei gewohntem Niveau gegeben sind und bei vorherrschendem Konservativismus Veränderungen gewollt werden.

Falls bei sozialen Grundbedingungen zunehmend Lücken fühlbar werden, unabhängig vom Niveau dieser Grundbedingungen, verstärken sich Bestrebungen für sozialen Ausgleich und Gerechtigkeit.

Insofern sind die Tendenzen, die diese These ausdrückt nicht überraschend oder gar neu. Die Gesellschaft drückt diese Tendenzen durch ihre Medien, Institutionen, Parteien aus. Oder umgekehrt formieren sich Medien, Institutionen, Parteien nach diesen Tendenzen.

Die pauschale Kennzeichnung dieser Richtungen mit links-mitte-rechts wird allerdings zunehmend unschärfer und verliert ihren Bedeutungsraum. Dieser Bedeutungsverlust, d.h. die zunehmende Unsicherheit, beim jeweils Gemeinten auch konsistent verstanden zu werden, ist das Moment, das hier zu diskutieren wäre.

Wie könnte man diesen Bedeutungsverlust deuten? Eine Möglichkeit bestünde darin, dass es eine neue unübersichtliche Vielfalt politischer Richtungen gibt. Eine weitere Möglichkeit bestünde in der Vermutung, dass diese Vielfalt abgenommen hat, weil alle politischen Strömungen sich genötigt sehen, sich der dominanten 'Mitte' zuzuordnen.

Meine Erklärung für diesen Widerspruch und den Bedeutungsverlust besteht in folgendem. Jede der genannten politischen Strömungen des Konservativismus, des Liberalismus, der Gerechtigkeit und des Ausgleichs und selbst des Nationalismus differenzierte sich aus in stärker linke bzw. rechte Facetten; hier gemeint in fortschrittlicher bzw. rückschrittlicher Richtung. Das Bild von links und rechts, von fortschrittlich und rückschrittlich wird dadurch verwässert.

Der Konservativismus z.B. kann positive, fortschrittliche Seiten darstellen, wenn es darum geht, die ungeheure Beschleunigung der unhinterfragten technischen Entwicklung zu bremsen. Der Liberalismus war bisher bereits changierend, wenn es darum ging, ob persönliche Freiheit oder eine 'freie' Wirtschaft im Vordergrund stehen sollte. Die viel jüngeren Spielarten der Arbeiterbewegungen diffamierten sich gegenseitig häufig als links und rechts bzw. revisionistisch. Und selbst der Nationalismus zeigt im Zeitalter ausufernder Globalisierung oder etwa einer ungezügelten Übergriffigkeit einer EU-Reglementierung fortschrittliche Züge auf.

Die eigentlichen Unterschiede zwischen links und rechts, zwischen fortschrittlich und regressiv/rückschrittlich zeichnen sich dort ab, wo zwischen individuellem und gesellschaftlichem Gewinn abgewogen und unterschieden wird.

Am deutlichsten zeigt sich dieses am Nationalismus, wenn die durchaus berechtigte Wertung und Wertschätzung der eigenen nationalen Belange gegenüber einer globalen Dominanz der US-Interessen, die sich als 'regelbasierte internationale Ordnung' darstellt, als fortschrittlich und wünschenswert erscheinen. Oder eine neoliberale Regelungstätigkeit der EU kann als rückschrittlich erscheinen. Die grundsätzliche Einordnung von Nationalismus als 'rechts' wird relativiert. Entsprechende Ausprägungen in fortschrittliche und rückschrittliche Richtungen gibt es für den Konservativismus und Liberalismus.

Die Abgrenzung des Konservativismus gegenüber einer rechten, nationalistischen oder gar identitären bis faschisti-schen Strömung liegt darin, dass nicht individuelle Eigenschaften, Vorteile, Vorzüge und Absichten, Zielstellungen im Vordergrund stehen, sondern allgemeine, gesellschaftliche.

Wenn man letztere Abgrenzung beim Liberalismus ansetzen wollte, käme man irrtümlich unversehens dazu, den Wirtschaftsliberalismus als fortschrittlich zu bestimmen (was manche 'liberal' eingestellte Politik gerne propagiert). Wenn unter Wirtschaft, ihr Tun, Sinn und Nutzen für die Gesellschaft verstanden wird und nicht das EbIT großer Firmen, dann wäre Wirtschaftsliberalismus definiert als Entfaltung der Wirtschaft im Einklang mit Natur und Gesellschaft durchaus fortschrittlich.

Die in diesem Buch so starke Betonung des Unterschieds zwischen individueller und gesellschaftlicher Wahrnehmung, Denken, Erinnern, Fühlen ist u.a. begründet in der Feststellung, dass seit geraumer Zeit eine Überbetonung des Individuums, seiner Möglichkeiten und Rechte gefördert und praktiziert wird zu Lasten jener Zusammenhänge und Verbindlichkeiten mit seiner Gesellschaft, aus der heraus humanes individuelles Leben nur möglich ist.

In diesem Sinnzusammenhang definiere ich eine linke, fortschrittliche Gesinnung, Haltung, Praxis nur mit Bezug und Betonung des gesellschaftlichen Wahrnehmens, Denkens, Fühlens für eine humanistische, gesellschaftliche Praxis.

Transzendenz, Spiritualität, Religion,

Wenn vom Denken und Fühlen der Gesellschaft, d.h. von Gesellschaft allgemein die Rede ist, kann über diese Themen nicht hinweg gegangen werden. Allein die Bindungskräfte des metaphysischen Denkens von ethnischen Narrativen bis hin zu Glaubenskriegen zeugen davon, dass hier starke, Gesellschaft konstituierende Kräfte am Werk sind.

In Zeiten der Not, der Krisen, der Umstürze erleben diese Bedürfnisse und Kräfte neuen Aufschwung. Was die in der Kapitelüberschrift genannten Begriffe für ein Individuum bedeuten können, ist sicherlich seit Jahrtausenden des Menschen bedacht, besprochen, bestritten, geteilt und bekämpft worden. Ich zitiere hier aus literarischem Umfeld, was eine Frau eines indianischen Stammes dazu sagt[35]: "*Patrice war zu dem Schluss gekommen, dass die Leute von ihrem Gott oder von Gishe Manidoo oder dem Heiligen Geist eine kindische Vorstellung hatten. Die vielen Regeln und das rituelle Drum und Dran, da war sie ziemlich sicher, hatten mit Gott herzlich wenig zu tun, sondern gaben den Leuten nur das Gefühl, alles richtig zu machen, in der Hoffnung, sich einer Strafe oder einem Leiden zu entziehen, wie Kinder. Sie selbst hatte das Gefühl, in ihrem Leben sei etwas Größeres am Werk, persönlich und überpersönlich zugleich. Wer mit diesem namenlosen Großen in Kontakt war, stellte sie sich vor, konnte sich vielleicht an dessen Saum festklammern und sich mitreißen lassen oder sogar in diesem Etwas jenseits der Erfahrung aufgehen.*"

Hier führe ich die Diskussion im Kapitel Riten und Mythen weiter, weil es dabei nicht nur um die dort genannten 'Einübungen in Gemeinschaft', und 'Sicherheit durch Gewohnheit' geht, sondern um das 'Leben als Ganzes' geht. Die Fragen nach Identität, Sinn des Lebens, Weiterleben nach dem Tod und der Frage, was hinter den Wundern der Natur wirksam sein könnte, wurden auch von Riten und Mythen beantwortet

---

[35] Erdrich, Louise, der Nachtwächter, Aufbauverlag 2021, S. 52

oder zumindest aufgeworfen. Sie wurden jedoch deutlich jenseits der unmittelbaren Wirklichkeit als diese überschreitend, als transzendent angesehen.

Auch wenn heute in unseren Regionen stark verbreitet, ist bloße, abstrakte Transzendenz den meisten Individuen nicht ausreichend. Wie im Zitat ein quasi kindliches Verlangen nach Anbindung festgestellt wird, erfüllt Religion (religio lat. Rückbindung) mit ihren jeweiligen speziellen Riten, Mythen und Regeln die transzendentalen Bedürfnisse der Individuen besser. Diese stehen hier nicht zur Debatte, sondern die gesellschaftlichen Bindungskräfte und ebenso die zerstörerischen zentrifugalen Kräfte, die Gesellschaft bewegen. Bei letzteren wird immer die Funktionalisierung religiöser Empfindungen hervorgehoben, die bis hin zu Bürgerkriegen geführt hat. Entsprechend gibt es auch eine weniger betonte Funktionalisierung der Bindungskräfte von Religion. Funktionalisierungen sind jedoch keine spezielle Eigenschaft von Religion, sondern alle 'Emotionen' einer Gesellschaft können funktionalisiert werden und es wäre eine Aufgabe liberal orientierter Medien, die quasi subkutane Stimulierung dieser Emotionen aufzudecken. Denn Emotionen anzusprechen, zu wecken ist für die verschiedensten Interessengruppen einer Gesellschaft legitim. Auch beim Individuum bewirken Emotionen verschiedenster, auch gegensätzlicher Art Handeln und Einzelentscheidungen und prägen damit auch die Person, die sich dann gelegentlich wie hin- und her gerissen erleben kann. Bei der Gesellschaft ist die Nutzung und Wirkung von Emotionen erst durch politische Anstrengung öffentlich wirksamer Kontrollinstanzen beherrschbar.

Wie bereits im Kapitel Wissenschaft erwähnt, ist mit der europäischen Aufklärung die Rolle der Fürstenherrschaft und der Religion zurückgedrängt und die Verantwortung des Individuums für Erkenntnis und Moral entscheidend gestärkt worden. Mit dem Kapitalismus in seinen bekannten Entwicklungsstadien wurde zusätzlich die Rolle des Individuum zunächst als Bürger, dann als 'König Kunde' und Verbraucher weiter in den Vordergrund gerückt. Parallel dazu ist die Rolle des Individuums als Mitglied und Teil der Gesellschaft, von der es niemals zu trennen ist, zurückgegangen und die Wissenschaft hat als Entscheider über richtig und falsch fast die Rolle der Religion übernommen.

Wie im genannten Kapitel ausgeführt, hat die überwältigende Bedeutung von Naturwissenschaft, basierend auf den Erfolgen der Technik und Industrie, vergessen lassen, dass die Lebensgrundlage des Individuums die Natur und gleichermaßen seine Gesellschaft ist.

Diese gesellschaftlichen Veränderungen haben schwerwiegende Konsequenzen für Sicherheit und Orientierung des Individuums, für die Identitätsentwicklung Jugendlicher, für Bildung und Erziehung.

Angesichts aktueller Krisen, die für sich genommen nichts Neues darstellen, manifestieren sich jedoch bei schwacher gesellschaftlicher Bindung Phänomene, die es schon immer gab, aber heute augenfällig immer häufiger auftreten und den Eindruck einer kranken Gesellschaft nahe legen. Dazu gehören

- Flucht in Drogen und Esoterik

- Gruppenbildungen mit Abschottung gegenüber Realität und Umgebung

- Zunahme diffuser Ängste und abstrakter Gegnerschaften bis hin zu terroristischem Wut und Hass,

- Betonung jeglicher Minderheitsinteressen gegenüber sozialen Defiziten bei relevanten Mehrheiten (Bildung, Altersarmut, Careaufgaben).

Allen diesen Phänomenen, die in vielfältiger Weise auftreten, ist gemeinsam, dass es keine bzw. immer weniger 'Rückbindungen' an die Gesellschaft gibt. Das weiterhin existierende Bedürfnis nach Gemeinsamkeit, Austausch, Orientierung, Anerkennung und Aufmerksamkeit, wird dann von Gruppen mit zweifelhafter Zielstellung übernommen, die durch das Medium Internet leicht zu organisieren sind.

Selbstverständlich – falls man diesen Feststellungen folgen kann – wäre es falsch und kontrapunktiv sich eine Welt zurück zu wünschen, in der Staat, Kirchen und Kultur für eine Hegemonie sorgen. Eine Ruhe, Beruhigung und Sorglosigkeit, die es so in keiner Gesellschaft je gegeben hat.

Trotzdem müssen sich Staat und Gesellschaft Gedanken machen, wie das Bedürfnis nach Transzendenz gemeinsame Ziele anstreben lässt. In erster Linie sind hier alle kulturell tätigen Institutionen gefragt und deren erstes Publikum muss die heranwachsende Generation sein. Ein Publikum, das gleichzeitig Akteur werden will und werden muss.

Literatur:

Bauer, Wolfgang, Geschichte der chinesischen Philosophie, 2001

Bertolt Brecht, Leben des Galilei, Suhrkampt 1962, 8. Aufzug, S. 90

Bourdieu, Pierre, Die Intellektuellen und die Macht, neu herausgegeben von Irene Dölling, VSA Verlag Hamburg 2022

Bruder-Bezzel, Almuth, Was tun die Psychologen im Corona-Regime?, unveröffentliches Manuskript 15.10.22

Bundeszentral für politische Bildung, https://www.bpb.de/kurz-knapp/zahlen-und-fakten/globalisierung/52583/finanzmaerkte/

John Dewey, Die Erneuerung der Philosophie, Hamburg 1989.

Dietz, E., Wissenschaft und Forschung – sicher auf unsicherem Boden, ISBN 978-3-940190-74-1, S.32 ff

Dietz, E., Dialektik: was - zum Teufel – ist das? Vom Denken lernen! https://edietz.de/blog/wp-content/uploads/2021/06/Dialektik.pdf

Erdrich, Louise, der Nachtwächter, Aufbauverlag 2021

Lutz Frühbrodt, Kant, die Aufklärung und ihre Folgen, https://www.printfriendly.com/p/g/UJFByV, 29. April 2022, letzte: 22.09.2022

Sabrina von der Heide (Autor:in), 2004, Das Verhältnis von Individuum und Gesellschaft: Das Abhängigkeitsverhältnis und die mögliche Gesellschaftsgestaltung, München, GRIN Verlag, https://www.grin.com/document/30836

Holzkamp-Osterkamp, Ute, Grundlagen der psychologischen Motivationsforschung 1, Ffm 1975

Peter-Ulrich Merz-Benz (Hrsg.) Öffentliche Meinung und soziologische Theorie, Mit Ferdinand Tönnies weiter gedacht, DOI 10.1007/978-3-658-09447-8

Mirowski, Philip,Untote leben länger, Warum der Neoliberalismus nach der Krise noch stärker ist. Berlin 2015

Neiman, Susan Links ≠ woke, Hanser 2023

Panel „Ferdinand Tönnies' Kritik der öffentlichen Meinung – systematische Grundlagen der Öffentlichkeitssoziologie" – durchgeführt im Rahmen des 3. gemeinsamen Kongresses der Deutschen, der Österreichischen und der Schweizerischen Gesellschaft für Soziologie in Innsbruck im Herbst 2011. https://www.researchgate.net/publication/300720776_Offentliche_Meinu ng_als_kollektive_Willensform

Victoria Schulz, Schweigespirale 2.0? Eine empirische Studie zur öffentlichen Meinung und Redebereitschaft der Menschen im Netz, München, GRIN Verlag 2013, https://www.grin.com/document/271956

Simon, Herbert A. Designing Organizations for an Information-Rich World.*Computers, Communication, and the Public Interest* (pp. 40–41). 1971 Baltimore, MD: Johns Hopkins University Press

Williams, J. (2018). *Stand out of our Light: Freedom and Resistance in the Attention Economy*. Cambridge: Cambridge University Press. doi:10.1017/9781108453004